人生謎解きトリップ

時空を超えて
やってきたのは自分!?

鈴木けんじ 著

ライトワーカー

まえがき

私は小学校四年生の時、わずか十歳で、一年間一人暮らしをするという、ちょっと変わった経験をしていたことがあります。

その理由は本文の中で明かしていきますが、当時はテレビもなく、電話もない、裸電球が天井からぶら下がっているだけの殺風景な四畳半の畳の部屋で、一人、生活をしていました。

夜になると、あたりはシーンと静まり返り、恐ろしいほどの孤独が襲ってきます。

特に深夜、普通の小学生がとっくに寝ているであろう時間になると、孤独と恐怖がクライマックスになるのです。

かといって逃げ場もなく、しかたがないのでそのまま布団に横になり、真っ暗だと怖いので電氣をつけたまま、眠りにつくまで、じーっと裸電球を見つめていました。

すると、こんな質問が浮かんできます。

「他の子どもたちは家族と暮らしているのに、どうして僕は一人で暮らしているんだろうか？」

そして、それは次第に、

「僕は、なんのために生まれてきたんだろう?」

「死んだら、僕は永遠になくなるんだろうか?」

というような、人生に対する根源的な問いになっていきました。孤独な時間の中で生まれた問いは、知らぬ間に、十歳の自分自身に向かっていたのです。

それは、瞑想のような、内観にも似た時間だったように思います。

この十歳の時に感じていた人生に対しての疑問とその探求は、今現在も、私の一番の関心事になっています。


この本は、十歳だったあの頃の自分自身に向けて、自分の人生において役立った捉え方、考え方を書いた本です。そのため、十歳の頃の自分と現在の自分が会話するという一風変わった対話形式で書かれています。

〝けんちゃん〟と〝健治〟の対話を読み進めていくうちに、あなたの中でも対話が起こり、深い部分で変化が起こり始めるでしょう。

場合によっては、考えもしなかったほど大きい変化になるかもしれません。

さあ、人生の謎解きの旅の始まりです。一緒に探求していきましょう。

プロローグ

それは突然始まった―過去と未来の自分との対話

僕は小学校四年生。十歳。

まわりの人からは「けんちゃん」と呼ばれている。

訳あって、テレビも電話もお風呂もない、築数十年は経っているだろう古い長家に一人暮らしをしている。

四畳半の畳の部屋の中央に布団が敷いてあり、天井から一つ裸電球がぶら下がっているだけの、殺

風景な部屋だ。

今日も、ひとりぼっちの部屋の布団に仰向けになって、裸電球を見つめながら、ぼーっと考えごとをしていた。

「人間は、なんのために生まれてくるんかなぁ？　人生に、意味とかあるんかなぁ？」

そんなことを考えている時だった。


「それ、教えたろか」

そんな声が聞こえた。

「いやいや、僕しか部屋におらへんし、きっと空耳っちゅうやつやろ……」

と、心の中でつぶやいた瞬間、

「空耳ちゃうで！　頭の上のほう見てみ」

と、いかにも中年のおじさんらしき声が、はっきりと聞こえた。

恐る恐る声のほうを見てみると、小太りの知らないおじさんが正座していた。

けんちゃん　な、なんなん！　誰？　おじさん、なんで、そこにおるの？

健治 あ、俺？　未来の君。

けんちゃん は？

健治 十歳の君に会いに来たんや。せやから、君が年取ったら俺になるわけや。

けんちゃん えええ～！　まぢ？　僕、か、髪の毛そんなに薄くなんの？　嫌や～！

健治 そこ？　なあ、そこ？　見た目の感想の一言目が、まぢでそれなん？　はぁ……やる氣なくすわぁ。わざわざ未来から君のために来たっとんのに、俺。

けんちゃん あ、ごめんなさい、でもショックで……。

健治 そのショックいう言葉に、こっちがショック受けるわ！　アホ。

けんちゃん で、おじさん、なんで未来から来たん？

健治 君、さっき、人間はなんのために生まれてくるんかなぁ？とか、人生に意味とかあるんかなぁ？て、考えとったやん。

けんちゃん うん。いつも、それ考えとると、寝られへんようになるんよ。

健治 せやから、人生について、君に教えに来たったたっちゅうわけや。めっちゃ聞きたいやろ？

けんちゃん いや、別に……。

健治　ええええ～！　おいおいおい、ちょっと待って！　普通、あれやん、こうゆう時って、あれやん！　なんか、こう、なんて言うの……社交辞令っていうかさぁ、遠くからわざわざ来てくれてありがとう！　言うて、うわぁ～！　お話し、ぜひ聞かせてください！　楽しみやなぁ～みたいな、なんかそんな感じ期待するやん、俺かて。

けんちゃん　（うわぁ、めんどくさ……本当に未来の僕なんやろか、このおじさん……。）まあ、そこまで言うなら聞いてあげてもええけど……。

健治　ホンマ！　聞いてくれんの？　ありがとう。嬉しいわぁ。やっぱ、来てよかったわ。（ん？　あれ？　おかしいぞ……教えたるつもりで来たのに、聞いてもらうみたいな展開になっとるやないか！　ん～、まぁ、ええか、教えたるっちゅう柄でもないし、一緒に探求して行けばええか……。）よっしゃ、じゃ明日から、話し始めよか。

けんちゃん　うん、わかった。じゃ明日からね。

――こうして十歳のけんちゃんと、大人になった現在の健治の、「人生についての対話」が始まったのであった。

人生謎解きトリップ ー時空を超えてやってきたのは自分!?ー　目次

1話 私たちはなんのために生まれてきたのか？

健治　よっしゃ、今日から、会話の始まりや。

けんちゃん　は〜い、よろしくお願いします。

健治　人間は、なんのために生まれてくるのか？　君、知りたがってたやん。

けんちゃん　うん。勉強して、いい中学入って、いい高校入って、大学とか行けたら行って、いい会社へ就職して、いい奥さんもらって、いい家に住んで、いい車とか乗って、いい食べもん食べて……なんか、そんなために生まれてきたんちゃうなぁ……とずっと感じてたんやけど、じゃあ、ホンマはなんのために生まれてきたんかゆうのは、わからへんねん。

健治　君、ええとこ氣づいてるやん。まるで、俺の若い頃を見てるようや。

けんちゃん　……。

健治　おいおい、なんや、冗談も通じへんのか君、頼むでホンマ！

けんちゃん 人が生まれてくる理由はなぁ、人生で起こる出来事を「体験」しに来とんねん。

健治 体験？

けんちゃん そうや、「体験」や。
生まれてくる前はな、身体がない状態やねん。
身体がなかったら、考えたり、いろんなもの見たり、触ったり、音楽聞いたり、美味しい物食べたり、旅行ったりできへんやん。

健治 うん、まあ……、身体がなかったら無理やね。でも、身体がない状態ってどんな感じなん？

けんちゃん 身体がない状態っていうのは、目には見えへんけど、宇宙くらい大きいねん。「全体」と言うてもええわ。それが、実は「本当の自分」なんや。
せやけど、その「本当の自分」は、身体を持ってへんから、いろんな出来事を体験することができへんのや。
それで、「全体」である「本当の自分」が分身して、「個体」である人間の身体を使って、人生で起こることを「体験」して楽しんどるわけや。

健治 それ、おかしいやん。

健治　何が？

けんちゃん　人生を楽しむために生まれてきたって言っとるけど、めっちゃ苦しんどる人もいっぱいおるやん！　それやのに、なんで楽しみに来たって言うのか、わからへん！

健治　まあ、普通に考えたらそうなるわな。

けんちゃん　君、仮面ライダー見たことあるやろ？

健治　もちろん、見たことあるよ。

ほな、こんな仮面ライダーどう？

ショッカーとか悪もんが全然出てこない、いろんな問題も起こらない、で、ずっと地球が平和で、ああ〜、幸せな人生やなぁ、ゆぅストーリーの仮面ライダー。

見たい？

けんちゃん　そんなん、つまらんに決まっとるやん。

健治　せやろ？　人生も同じやねん。ハラハラドキドキしたりするのも、温泉につかってゆっくりすんのも、「体験」するから、オモロいねん。

なーーんにも事は起こりませんでした。めでたしめでたしって、全然オモロないやん？

人生、ずっとつらいことは続かへんし、ずっと楽しいことも続かへんねん。その比率が、人によって違うだけや。

本当にリアルな幸せっちゅうのはな、つらい「体験」があって、はじめて実感が持てるもんやねん。

健治
そう言われると、確かにそうかも。

けんちゃん
でな、俺らが信じてることと、本当の真実には、ギャップがあんねん。

その続きは、また次回から、ゆっくり話していこか。

とにかく覚えときや。人間は、地球に人生を楽しむための「体験」をしに来とるんや。

けんちゃんメモ

人間は、いろんなことを体験するために生まれてきたらしい。
僕は何を体験したいと思って来たんかなぁ……？

2話 ポジティブな体験とネガティブな体験

健治　ほな、前回の続き、話そか～。

けんちゃん　は～い。

健治　人生で起こることって、ポジティブなことと、ネガティブなことがあるやん？

けんちゃん　うん。

健治　君、ポジティブな出来事は良くて、ネガティブな出来事は悪いと思ってるやろ？

けんちゃん　そんなん、当たり前やん！

健治　ちゃうねん。ポジティブな出来事も、ネガティブな出来事も、良いも悪いもあらへんねん。どっちも単なる体験やねん。

君、赤ちゃんの時から澤山さんの家に預けられとったやん。澤山さんが本当の親じゃないって知った時、あれ五歳くらいやったかなぁ？　その時、どう思った？

けんちゃん　めっちゃショックやった！　なんか、自分なんか、この家にいたらあかんのやないかと思った。自分は、この家の子どもじゃなくて他人やったんや〜って思って、本当の親に捨てられたような、そんな悲しみを感じた。

健治 それ、良くない出来事やと思ってるやろ？

けんちゃん そりゃそうや。今もこうやって、十歳で一人暮らししてるんも、めっちゃ嫌な体験やん！　どう考えても、良い体験ではないやん！

健治 まあ、そう思うのも無理はないわなぁ。
でもな、君が体験してきたその出来事を今の俺が振り返ってみると、ホンマ、めちゃくちゃ人生の役に立ってる体験やねん。つまり、めっちゃ良い出来事だったとも言えるねん。（けんちゃんにはまだ内緒やけど、その体験、こうやって本になってるし……。）

けんちゃん 良い出来事？

健治 そうやねん。その出来事が起こった時は「めっちゃ嫌な出来事や」思ってても、時が経てば「あの時の、あの出来事があったからこそ、今の自分がある」って、感謝できることさえあるんや。
反対に、その時ポジティブな出来事が起こったとしても、時が経ってみたら最悪だったと思うことだってあり得るわけや。

例えば、宝くじで大金が当たるっちゅうのは、ポジティブな体験やろ？

でも、友人にたかられたり、思わぬことでお金をなくしたり、心配なことがすごく増えたりして、結局、宝くじに当たる前より不幸せになる人も結構おるんや。

そういう人は「宝くじなんて、当たるんじゃなかった……」って思うみたいやねん。

つまり、ネガティブな出来事も、ポジティブな出来事も、良い出来事にもできるし、悪い出来事にすることもできるんや。

けんちゃん　自分で決められるっていうこと？

健治　せやがな！　やっぱ君、優秀やな。

けんちゃんメモ

体験自体には良いも悪いもなくて、自分次第で、良い出来事にも、悪い出来事にも、できるらしい。

僕はこれから、どんな体験をしていくんかなぁ……。

3話 出来事に意味はあるのか

けんちゃん　あのさぁ、出来事に意味ってあるのかな？

健治　出来事の意味かぁ……。なんで、そんなことに興味あんの？

けんちゃん　この間、担任の先生に呼び出されて職員室に行ったらな、先生が僕に怒って「お前は、なんでそんなにいつも汚いんや！　毎日おんなじ服ばっかり着て、服の洗濯くらいちゃんとしてもらえよ。風呂も、前回いつ入ったんや！　親の顔が見てみたいわ、ホンマ。とにかく、あんたみたいな子、うちのクラスには、いらん」って、そう言われてショックで……なんにも言えんと、ただ泣くことしかでけへんかったんよ……うぅ……。

健治　ああ〜、そうやったなぁ……。悲しいやろ！　悔しいやろ！　そんな時は、思いっきり泣いたらええねん。思っきり泣き！

――健治の言葉を聞いた途端、けんちゃんは大声をあげて泣き崩れた。
そばにいる健治も同じように泣いている。

けんちゃん　なんで僕にだけ、こんな出来事が起こるんやろ？
他の子には起こらへんやん、こんなこと！　他の子は親と一緒に住んでて、ご飯も一緒に食べてるし、洗濯もしてくれてるし、お風呂かて一緒に入ってくれてるやん！
僕は、ご飯も近くの食堂で一人で食べてるし、洗濯なんかでけへんから、毎日同じ服着てるし、風呂もめんどくさいから、たまにしか銭湯行かへんし。
なんで人間はこんなに不公平なんやろか？　僕が体験してるこの出来事ってなんの意味があるんやろうか？って、そう思ったんや。

健治　君が体験してきたこと自体には、意味はあらへんねん。

けんちゃん　え！　ないの？　ないわけないやん。

健治　ないの。
出来事に対する意味づけっちゅうのは、今の自分の状態によって、自分自身が意味をつけてるだけなんや。

けんちゃん 自分が意味をつけてるだけ？

健治 そうやねん。君、トラウマって聞いたことある？

けんちゃん トラウマって、過去の嫌な経験のこと？

健治 まあ、そんなやつや。過去の経験があってな、その経験が、今現在、自分自身にどんな影響を与えてるかで、トラウマにもなるし、ありがたい経験にもなりよんねん。

けんちゃん ん？ ようわからんなぁ。

健治 じゃ、この話でわかるかなぁ？ 人に聞いた話なんやけどな。
ある日、二十代の若い男の子がな、青信号で横断歩道歩いとったら、そこに信号無視してきた車が突っ込んできて、このにいちゃん、車にひかれて大怪我して、二ヶ月も入院するはめになってもうたらしいんよ。
これ、君、どう思う？

けんちゃん めっちゃ最悪やん。信号無視の車が歩行者に突っ込んでくるって、災難以外の何ものでもないやん。

健治　まあ、この時点では君の言うとおりやわな。せやけど、この話、続きがあんねん。このにいちゃんが入院した病院に、めっちゃかわいい看護婦さんがおってな。このにいちゃん、その看護婦さんに一目惚れしてもうたんや。それからなんと、その看護婦さんと結婚して、めっちゃ幸せな結婚生活をエンジョイすることになったんやて。どう思う？

けんちゃん　へぇ～、そんなこともあるんや。事故起こさんかったら、その看護婦さんに出会えてないから、交通事故しといて、よかったやん。

健治　そう思うやろ！　せやけど、まだ続きがあんねん。

実は、この奥さんにすごい額の借金があってな。どうも、それを隠して結婚したらしいんや。それで、このにいちゃん、この借金を返すためには会社の給料じゃ絶対無理やゆうて、会社を辞めてしもたんや。

けんちゃん　え！　じゃあ、何？　奥さんのせいで、会社を辞めることになったん？　そしたら、やっぱり交通事故せんほうがよかったやん。

健治　いやいや、まだ終わりちゃうねん。

このにいちゃん、死に物狂いで頑張ってな、自分で会社を創立して、奥さんの借金、全部返したったんや。

借金を返し終わった頃には、自分で稼ぐ力が半端なくついてな、それでこのにいちゃん、金持ちになったたんや。

で、奥さんもこのにいちゃんに感謝してな、あの事故があったおかげでお金持ちになれたし、奥さんとも幸せな家庭を築けたっちゅうわけやねん。

つまり、その出来事自体には意味はないんや。今現在の状態によって、トラウマにもなりえるし、めっちゃラッキーな出来事にもなりえるんや。

けんちゃんメモ

出来事自体には意味はなくて、今の自分の状態によって自分が意味をつけているらしい。

出来事の意味って、自分の状態によって変わるんやなぁ。

4話 すべては必然、偶然はない

健治　さあ、今日も始めよか。今まで、君が体験してきた、いろんな出来事あるやん？　あれ全部、偶然ちゃうで。起こるべくして起こっとんのやで。

けんちゃん　じゃあ、生まれてからすぐ人の家に預けられたのも、小学校の入試の時に一日遅く受験日を間違えられたのも、たまたま偶然じゃなくって、起こるべくして起こったってこと？

健治　そう、そのとおりやねん。この世の中にはな、偶然っちゅうのは、存在せえへんねん。たとえて言うならな、俺、めっちゃ男前やん。まぁ、誰が見ても惚れ惚れするくらい男前やん。それぐらい確かなことっちゅうことやねん。わかるか？

けんちゃん　わからん！

健治　な、なんなん、そのまぢめな返し？　こんな基本的なお笑いのセンス、わからんか、君？

けんちゃん　さっき、君が言うてた小学校の入学の試験の件やけど、あれ、わざわざ一日間違えるようになってたわけよ。たまたま、おばちゃんが間違えたわけじゃなくて、目に見えない力が働いて、一日間違うという出来事が起こったわけや。

健治　俺は、その目に見えない力のことを、「大いなる存在」って呼んどるんやけどな。人によっては、神様とか、サムシンググレートとか言いよるわ。

けんちゃん　ええ～？　おばちゃんが悪いんやなくて、その「大いなる存在」ゆうのが、わざと入試の日を間違えるようにしたん？

健治　そうや。まだ、ピンと来んかもしれんけどな。

けんちゃん　ピンと来うへんなぁ。だって、なんでそんなことするん？

健治　それは、その「大いなる存在」が、今回生まれてきたお前の目的はそっちじゃないよ～って、教えるためや。

けんちゃん　僕の生まれてきた目的のため？

健治　せや。人生には、経験すべき人生の方向ゆうのがあるねん。それがまぁ目的やな。

そん時はわからんかってもな、あとから考えたら「あ〜、確かに目に見えない力がこの世の中にはあって、その力に導かれてるな〜」っていう感覚は、誰もが経験するもんやねん。君もそのうち、今の小学校入ったのはこのためやったんやって、わかる時が来ると思うで。

けんちゃん

そういうもんなんかなぁ……。でもそれって、自分の考えとか自分の意思があったとしても、その「大いなる存在」に軌道修正されちゃうっていうこと？　じゃあ、人生は最初から決まってて、自分では変えられへんってことになるやん。

健治

いや、ちゃうねん。人生は、自由に変えることができんねん。

人間は生まれてくる時に、人生のテーマみたいなもんがあってな、そのテーマっちゅうのは変えられへんねん。

せやけど、その人生のテーマをどんなクリエイティブな方法で体験するのかっていうのは、自分で自由に決められんねん。

せやから、強制的に軌道修正されるのは、今回生まれてきた自分の人生のテーマから外れた時に起こんねん。

それ以外はな、自分の自由意思で、人生はどんなふうにも変えられるんや。

けんちゃん そうなんや、テーマ以外のことは自分で変えられるんやね。安心したわ。

健治 それにな、本当に心からワクワクすること、大好きなことに向かって行動してると、その「大いなる存在」が応援してくれんねん。
「あ〜、この子、ワクワクしながら楽しいことやっとるなぁ、よっしゃ、あの人とこの子を会わせたったら、もっとうまいことといくやろから、よっしゃ！ 会わせたろ」
そんな感じでな、思いもよらぬ出会いをセッティングしてくれたりすんねん。すごいやろ。

けんちゃん 応援もしてくれるんや。それは嬉しいな。
見えないところで、そんなすごい力が働いてるんやね。

けんちゃんメモ

人生で起こる出来事に偶然はなく、目に見えない大きな力に導かれてるらしい。
僕の人生のテーマってなんやろ？

5話 人生は壮大な遊園地

健治　なんかさ〜、今日は、パ〜〜ッと遊びに行きたい氣分やな。氣分転換に、遊園地行かへん？

けんちゃん　遊園地連れてってくれんの？　うん、行きたい行きたい！　連れてって！

健治　よっしゃ、ほな、行こか。

――健治とけんちゃんは、電車に揺られて遊園地へと向かった。

健治　着いたでー。久しぶりやな、遊園地。

けんちゃん　何に乗ろうかなぁ〜。楽しみやな。

健治　ここに遊園地のパンフレットあるわ。乗り物とかアトラクションとか、ここに載ってるから、どこに行くか、決めよか。

けんちゃん うわー、いっぱいあるなぁ。どれにしようかな。

健治 今日、君を遊園地に連れてきたった理由はな、人生もこの遊園地みたいなもんやでっていうことを教えるためなんや。

けんちゃん ん？ 人生が遊園地みたいなもんて、どういうこと？

健治 人間オギャーと生まれてくるやん。あれ、遊園地でゆうたら、入場チケット買って遊園地の入り口から入った、みたいなもんやねん。前に話したけど、人はいろんなことを体験するために生まれてくるって言うたやろ？

けんちゃん うん、そんなこと言うてたね。

健治 それで、人間って必ず死ぬやん？ それは遊園地から元の家に帰るようなもんやねん。つまり、人生っていうのは、めっちゃいろんな体験ができる期間限定の遊園地みたいなもんやねん。生まれてから死ぬまでの、人生遊園地や。例えば、お化け屋敷に入ってめっちゃ怖い思いするやん？ あと、ジェットコー

人生遊園地

スターとかも、キャーー言うて怖がりながら乗るやん？　しかもそれ、お金払って楽しんでするやん？　それ楽しめるのは、本当にリアルな出来事やないからや。安心なの、わかっとるからな。

でも、人生で起こる怖い出来事っちゅうのは、めっちゃリアルな出来事に感じるんや。お化け屋敷やジェットコースターどころの騒ぎやないねん。

君にとっては未来のことやけどな、俺ら、自転車の事故でな、すい臓が破裂するんや。三回も手術してな、なんとか命は助かったんやけど、まわりの人たちは、もう助からんて思ったらしいわ。命が助かったんが奇跡やて病院の先生も言うてたわ。めっちゃ怖いやろ？

それから、嬉しかったり楽しかったりすることも、人生ではめっちゃリアルに感じるねん。

でな、この人生で体験することを選んでるのは、実は自分自身やねん。

遊園地で乗り物を選ぶように、めっちゃ怖い体験をするためにネガティブな出来事を選んだり、めっちゃいい氣分を体験するためにポジティブな出来事を選んだりしてんねん。

けんちゃん　乗り物を選ぶように、人生で起こる出来事を選んでる？

健治　まさに、そうやねん。遊園地で乗り物を選ぶように、出来事を選んでんねん。それで大事なことはな、人生で起こる出来事を選んでる張本人は「本当の自分」やゆうことやねん。

けんちゃん　「本当の自分」？　じゃあ、今の自分は「本当の自分」じゃないの？

健治　そうやねん。今こうやって話している俺たち、実は、夢の中で話をしてるようなもんやねん。ま、簡単に言うと寝とるということや。

けんちゃん　寝とる？　夢の中？　何言うてんの？

健治　人生っちゅうのは、現実には存在してないんや。すべて、創り出された壮大な映画のＤＶＤみたいなもんなんや。

けんちゃん　ん、人生が存在してない？　その前に、ＤＶＤって何？

健治　え？　君、ＤＶＤ知らんの？　あ、そうか！　この時代まだＤＶＤできてないわ。ＤＶＤっちゅうのはな、レコードを小さくして銀色にしたみたいな円盤に、映画みたいな映像と音声が入っててな、それをプレーヤーで再生すると、テレビで映像が見れんねん。

けんちゃん　なんやそれ、すごいな。

健治　で、そのＤＶＤに入った自分の物語を創り出してるのが、「本当の自分」っちゅうことやねん。

けんちゃん　映画みたいに、自分の物語を創ってるの？「本当の自分」が？　それをＤＶＤゆうのに入れてる？

健治　そうや。しかも、その人生のＤＶＤに記録されている物語は、無数にあんねん。だから、ＤＶＤを入れ替えるみたいに、今この瞬間から、自分の人生をどんな物語にも入れ替えることができるんや。
つまり、「本当の自分」を思い出せば（夢から覚めれば）、自分の乗りたい乗り物（人生における体験）は、ＤＶＤを入れ替えるように自由自在に選べるようになるんや。すごいやろ！

けんちゃん　うわぁ〜、すごいね。今この瞬間から、どんな人生にするかＤＶＤを選ぶように自分で選べるんやね〜。
でも、「本当の自分」ゆうのは、ようわからん……。

健治　今はそれでええよ。「本当の自分」がわかったら、すごいで〜。わかるように話してくから楽しみにしとき。

けんちゃんメモ

遊園地で乗り物を選ぶみたいに、人生で体験する出来事を選ぶことができる。
自分の物語を変えたい場合は、人生のＤＶＤを入れ替えるだけでいいらしい。
僕はどんな人生のＤＶＤにしよかな？

6話 後悔しない人生とは

健治 君さぁ、どんな人生やったら後悔せん？

けんちゃん う〜ん、難しいなあ……。

健治 なんか、反対にどんな人生やったら後悔するんやろか？
〝人生で後悔したこと〟を老人にインタビューした記事ゆうのを見たことあんねん。そしたら多くの老人がこう答えてたんや、「チャレンジしなかったこと」って。「あの時恐れずに、本当にやりたいことにチャレンジしとけばよかった」って言いよんねん。
反対に、チャレンジして失敗したことは、全然後悔してへんかったわ。
だから、本当にやりたいことにチャレンジせんかったら絶対後悔すると思うわ。

けんちゃん とりあえず、やってみたらええってこと？

健治 せや。失敗したってええねん。チャレンジせんかったら、失敗するっていう貴重な経験もできへんのやからな。

今回の人生は一度きりやろ？　あっという間に、時間、過ぎてくねん。

チャレンジせんかった人の特徴はな、「お金ができたらやろう」って、「今の会社辞めたらやろう」って、「もっと時間ができたらやろう」って。そうやってどんどん本当にやりたいことを後回しにすることや。それで一生が終わってしまうねん。

つまり、本当にやりたいことのために、準備ばっかしとるっちゅうことやねん。

まあ、準備はしとかなあかんけどな、いつかはいつかは言うて、やっぱりチャレンジせんのが人間ってもんなんよ。

けんちゃん　そっかぁ。失敗してもいいから、チャレンジしていくのが大事ってことやね。

健治　そうや、そのとおりや。チャレンジもせんと、あ〜何も起こりませんでしたって人生、そんなん全然オモロないやろ？

いろ〜んな体験をとおして、すごく楽しい経験をしたり、苦い経験をしたり、泣いたり、笑ったり、バラエティに富んだ人生を楽しんだらええねん。

あとなぁ、後悔したことで多かったのは、家族との時間を犠牲にしたっちゅうやつや。君も、小学校四年生で、今一人暮らししてるやん。この時間って、俺たちの親が、家族との時間を犠牲にしとるっちゅうことなんや。君は、親の犠牲者でもなんでもなくて、親が犠牲になってくれてんねん。親かて、ほんまは子供と一緒に暮らして家族団らんの時間を優先したかったんや。でも、生きるためのお金を稼がなあかんから、夜中の仕事をしとったんや。家族の時間を過ごせんかったんは、親の時間の犠牲や。
それに、十歳で一人暮らしするっていう、貴重な体験を君にさせるためにもな。今は感謝できなくても、いずれ、この体験を与えてくれた親に感謝する日が来るわ。わかる?

健治　うん、今はピンと来ないけど、なんとなく……。

けんちゃん　それでええんや。

けんちゃんメモ

後悔しない人生とは、本当にやりたいことにチャレンジすること。
これから先、どんなチャレンジがあるんかなぁ? 楽しみや!

7話

何にその命を使い切るのか

健治　使命って言葉あるやろ？

けんちゃん　うん。

健治　あの漢字、こう書くやん。

——そう言って、健治は紙に使命と書いた。

健治　これ「命を使う」って書くやろ？

けんちゃん　ほんまや。

健治　「命」っていうのは、この世に滞在している間の「時間」のことや。
生まれてから死ぬまでの時間（命）を何に使うかで、その人の人生は決まるって
言うてもええんや。

けんちゃん 俺の友達でな、親が裕福な家庭に生まれたやつがおるんやけどな、そいつは別に仕事せんでも、一生贅沢して生きていけるくらいの金持っとんねん。海外旅行に年に数回も行って、高級なホテル泊まって、めっちゃ高いディナー食うて、日本でもしょっちゅうゴルフ行ってて、友達無料で招待してパーティー開いたり、銀座の高級なお店行ったりしてんねん。どう思う？

健治 めっちゃええやん！ うらやましいわ。

けんちゃん 確かに、こういう時間（命）の使い方ゆうのも、ありかもしれんけどな……この友達に、俺、聞いてみたんや。「君はめっちゃ幸せでええなぁ」言うて。そしたら、そいつ、涙ボロボロ流しながら、「こんな人生、どこが幸せなんだよ！ 毎日毎日、何も人に貢献してない自分なんか、生きてて意味あるんだろうか？って、情けなくなるんだよ！ 生きてる実感が欲しいだけなのに……」そう言うて、泣き崩れたんよ。

健治 ええっ！ 幸せとちゃうんや……。

けんちゃん せやねん。お金と時間がたくさんあってやりたいことができることと、人生が充実することって、別のことなんや。

人生の時間（命）を何に使うのか？　これは、ほんま重要なことやねん。充分な時間（命）があると思ってても、いずれタイムオーバーの時が絶対来るやろ？　それが人生遊園地の閉園時間や。その閉園時間までに、他人に貢献することに時間（命）を使う比率を増やすことを勧めるわ。
なんでかゆうたらな、他人に貢献するっていう時間（命）の使い方が、人生に一番の充実感と幸せを与えてくれるからなんや。

けんちゃん　うん。僕も、人のために命使いたい！

健治　なんか嬉しいなぁ……。あかん、涙止まらへんわ。

——しばらく、健治は嬉し涙を流していた。

けんちゃんメモ

人生の時間を何に使うかで、充実感と幸せが変わってくるらしい。
僕は、誰に、どんな貢献ができるかなぁ？

8話 ネガティブな経験は使命とつながっている

健治　前回は、時間（命）を何に使うかって話やったけど、今日はそれに関連した話や。俺たちの父ちゃんが、母ちゃんの首を締めてたのを目撃したのは、俺たちが九歳くらいの時やったかな？

けんちゃん　うん、去年やね。

健治　あっ、そうか。もう随分前のことや思ったけど、君にとっては去年の出来事やったな。
あのあと、父ちゃん出て行って、それ以来帰って来なくなったやろ。それが原因で、十歳やのに自分一人で住むことになったんや。
実はなぁ、君が体験してきたようなネガティブな経験ていうのは、自分の使命につながってるんや。

けんちゃん　え？　僕の嫌な経験が、どうして自分の使命とつながってんの？

健治　君、親と離れ離れになって、父親は行方不明になっとるわけやろ？　そういう経験の中に、人生のテーマや使命が隠されているからや。

今はまだわからんかもしれんけどな、そのうち、「ああ〜、僕は人生でこの使命を生きるために、あのネガティブな出来事を体験することになってたんや」いうことが、わかる日が来るわ。楽しみにしとき。

けんちゃん　うーん……今はわからんけど、いずれ、「あ！　これか！」いうのがわかるようになるん？

健治　そうやがな！

例えば俺のまわりの人たちを見てみるとな、小さい頃、対人恐怖症だった人がおるんやけど、そいつ今、対人恐怖症専門のカウンセラーになっとんねん。

あと、子どもの頃にしゃべるのが苦手な人がおってな。でも、その人も今、人の前でしゃべる講演家になっとんねん。

その人たちな、過去のネガティブな体験をなんとかしようと人の何倍も努力したと思うねん。せやから自分が克服する頃には、対人恐怖症を治す専門家になったり、人前でしゃべれんかった人が講演家にまでなれるんや。

つまり、時間（命）をその克服への努力と探求に使ったわけや。それが自分の使命につながるんや。

誰でも死に物狂いで何か一つのことに打ち込んだら、必ず、その道のエキスパートになれんねん。

そういう、きっかけをくれるのが、ネガティブな体験っちゅうことなんや。

けんちゃんメモ

ネガティブな経験が、自分の使命につながってるらしい。

僕が今つらいのも、いつか報われるといいなぁ。

で、僕の使命ってなんやろ？

9話 その出来事から何が学べるだろうか

健治 さあ、今日は出来事から何を学ぶことができるかっていう話や。

けんちゃん 出来事には意味ないいゆうてたけど、学ぶことがあんの？

健治 大ありやがな、君。

出来事には意味ないけど、意味をつけとんのは自分自身やゆう話、覚えてない？

けんちゃん あ、そうだっけ？

健治 君、やっぱり俺に似て忘れっぽいなぁ（笑）。

人生、生きていく中でいろんな出来事が起こるやん？

楽しい出来事の時はそんなに感情が動かんけど、「これヤバイ！　どうしよう！」

ってめっちゃ感情が揺れる出来事も起こるわけやん？

その時に、自分自身に質問すんねん。

「この出来事から何が学べるだろうか？」もしくは、

けんちゃん 「この出来事の素晴らしいところは、なんだろうか?」

この二つの質問の、どちらかをするとええねん。

そうするとな、頭が勝手に、学べる点、素晴らしい点を探し出すんや。

すると、どうなるか?

そのめっちゃヤバイ出来事がきっかけで、すごいアイデアが出てきたり、全然氣がつかんかった視点で物事が見えるようになってくんねん。

健治 「この出来事から何が学べるだろうか?」と「この出来事の素晴らしいところは、なんだろうか?」やね。わかった!

けんちゃん この間の、担任の先生に言われたことで再現してみよか。
「君、汚い」と言われたことで、学べたことって何?

健治 うーーん……学べたことは、自分では全然氣がつかないことを先生が教えてくれたと思う。やっぱり、不潔にしてると人が嫌な思いをするし、清潔にしたほうが自分のためにも人にためにもなるっていうことを学んだかな。

おお~、すごいな君。

じゃあ、「君は私のクラスにいらん」って言われたことの、何が素晴らしい?

けんちゃん　う〜ん、それは悲しすぎて、わからへんわ……。

健治　そうか。じゃあ特別ヒントや。先生はな、ああ見えて、ホンマは君のこと、めっちゃ氣にかけてくれてたんや。先生も人間やから言葉選ばんと言うてるけど、愛情の裏返しで言いたくもない言葉使ったんやと思う。

けんちゃん　そうなん？　そうやったら嬉しいけど。

健治　そうや。誰よりも、君が可愛かったんや。君、愛されとったんやで。

——後年、健治は故郷でライブを開催することになる。その時に、この先生だけが楽屋に訪ねて来てくれて、泣きながら「鈴木君！　立派になられて〜！　先生嬉しいわ」と、何度も何度も繰り返しお祝いの言葉をかけてくれたのだった。

けんちゃんメモ

すべての出来事には学べることと、素晴らしいことがあるらしい。今度から僕も探してみよ！

10話 点と点が線となり、人生という物語が創られる

健治 さあ、今日もオモロい話、始めよかぁ。

あのさぁ、出来事と出来事の間には、時間があるやん？　ま、それを十年としようか。ちょうど君が生まれてから今までの時間や。

その十年間に起こった出来事を、イメージで上から全部見えるように眺めてみんねん。そしたらな、その出来事が点に見えると思うわ。

で、点と点の間に線があんの、わかる？

けんちゃん 点と線……。うん、なんとなく見えるような氣がするけど……。

健治 一つの点だけにフォーカスすると、その点（出来事）が、なんのために起こったのか？とか、どんな意味づけがされるのか？っていうのは、わからへんねん。

でもな、何年かして、次の点（出来事）が出てきた時に氣づくねん。

「ああ、あの数年前のあの出来事は、この出来事のためにあったんや〜」って。

けんちゃん　その時に、点と点が結ばれて、人生っていう線ができんねん。

健治　じゃ、次の出来事のために、一つ前の出来事が起こるってこと？

うーん、次の出来事のために起こってるわけでもないねん。

しいて言うなら、過去の出来事も、未来の出来事も、同時に「今この瞬間」に起こってんねん。これちょっと難しいやろ？

あ、ちょうどええわ。ここに本あるやろ。これ持ってみ。

――健治は、けんちゃんに本を手渡した。

けんちゃん　ん？　はい、持ったよ。

健治　この本に、君が生まれてから死ぬまでの出来事が、ぜ〜んぶ書いてあんねん。

けんちゃん　え？　僕の人生、こんな薄っぺらいの？

健治　アホか。例えばの話やがな、例えばの。

けんちゃん　ああ、そうか〜。ホッとした(^_^)

健治　今、君の人生が書かれた本、上からのぞいてるやん。

けんちゃん　うん。

健治　過去のことも、未来のことも、そのページを開いた瞬間、今、わかるやん。

けんちゃん　まあ、実際に、そんな本があればやけど。

健治　それが、あんねん。その君の物語、誰が書いたか、もうわかるやろ？

けんちゃん　わからん……。

健治　(￣□￣;)　ガーーーン！

けんちゃん　ヒントちょうだい！

健治　ヒントは、ＤＶＤの物語を創った人や。

けんちゃん　本当の自分？

健治　ピンポーン！　そう、本当の自分や。
本当の自分が、出来事っていう点をたくさんつくって映画のフィルムのようにつないでんねん。つくった点と点をずーっとつなぎ合わせたら、人生物語ができるっちゅうわけやねん。

けんちゃん　その人生物語って、変えることができんの？

健治　当たり前やがな。

けんちゃん 目の前にな、無数の本が並んでるのをイメージしてみ。

健治 図書館みたいに？

けんちゃん そうや。自分の人生の物語が書かれた本だけが置いてある図書館や。

そこには、いろんなタイトルの本が置いてあるんや。「貧乏を克服して大金持ちになる物語」とか、「異性に全然モテなかったけど理想の奥さんと結婚して幸せになる物語」とか、とにかく無数にあんねん。

で、こっからが大事なんやけどな、本氣で俺たちが望んだら、「本当の自分」がそのリクエストに答えて、本棚から最適な本を探して、今の本と差し替えてくれるんや。

今この瞬間っていう点から、自分が望んだ物語に変わるっちゅうことや。

こうゆうのをな、パラレルワールドいうねん。

で、問題はな、俺たちがその物語の中の主人公なわけなんやけど、自分が物語の中にいて主人公を演じてるってことに氣づいてないんや。

その状態やと、望んだことがリクエストできへんのや。

まあ、前にも言うたけど、これは「今の自分」が寝てる状態やねん。つまり主人公である「今の自分」は、「本当の自分」の夢の中に存在してるんや。

これに氣がついたら、まず夢から覚めたらええねん。

で、夢から目覚める方法はな、心からワクワクすること、大好きなことをやって、本氣でこうする！って決めることやねん。そうするとな、「本当の自分」が、人生の本を変えてくれんねん。

けんちゃん ワクワクすること、大好きなことを本氣でこうする！って決めるんやね。

健治 せや。

けんちゃんメモ

出来事と出来事がつながって物語ができている。

選べる物語は、図書館の本くらいいっぱいあるけど、今と違う本に変えるには、夢から覚めて、本当の自分にリクエストせんとあかんらしい。

で、ワクワクすることと、本気で好きなことやるって決めたら、本当の自分が、本をとっかえてくれる。僕がワクワクすること、いっぱいあるな！

11話 人生でやらなければならないことは一つもない

けんちゃん　あ〜あ、宿題やんなきゃ。
健治　やめとけば？　やんなきゃええやん。
けんちゃん　な、なんちゅうこと言うの！　おじさん、大人やのに、そんなええ加減なこと、子どもに言うてええの？
健治　宿題って、やらなあかんの？
けんちゃん　そんなん当たり前やん。
健治　誰が当たり前って決めたん？
けんちゃん　先生？　かな？
健治　先生は、なんで宿題やるのが当たり前って言うてんの？
けんちゃん　勉強ができるようになるためちゃうの？
健治　勉強、学校でしたらええやん。

けんちゃん せやけど、そうゆう決まりになってるから、しゃーないやん。しゃーないから、やるんかぁ。そうかぁ。

健治 せやけど君、そのまま大人になってもな、「しゃーないから、これやらなあかんねん」言うて、ホンマはやりたくないことをやり続けることになるぞ。

けんちゃん せやけど、宿題とか、やりたくないこともやらな生きていかれへんやん。みんなもそうしてるやん。

健治 そんなこと、あらへんねん。まだ少数派やけど、自分の本当にやりたいことだけをやって生きてるやつもおんねん。
その人らはな、人生でやらなければならないことは、一つもないと思ってんねん。
「やらなければならないこと」やなくて、「やりたいこと」をやってるんや。
まぁ、そのやりたいことの周辺には、面倒くさく感じる作業やらもあるんやけど、そのやりたいことを達成するためやったら、その面倒なことも、やりたくないことではなくなるんや。

けんちゃん 本当にやりたいことだけやって、人生うまくいくの？

健治 それが思考の罠やねん。

けんちゃん　「やらなければならないことは、やらなあかんはずや」いう催眠術にかかっとるんや。そんなん、「やりたいことだけやる人生は、めっちゃ楽しい」に書き換えたらええねん。実際そうなるから。

健治　そんな簡単なもんかなぁ？

けんちゃん　そう、その考えが制限をつくっとんねん。「きっと、そう簡単にいくわけない」ってな。

で、多くの人はこの制限の中で生きとんねん。この制限っちゅうのは、人間がつくり出した単なる幻想やねんけどな。

そのことがわかった人は、多くの人が囚われてる、この制限のかかった考え方は、集団催眠みたいなもんやっちゅうことを見抜いとんねん。

つまり、やりたいことやってる人って、その催眠術から目覚めた人やねん。

人生には「やらなければならないことは一つもない」ねん。

けんちゃん　ええ〜、一個もないんか……。なんか、宿題やる氣なくなったわ〜。

健治　でもな、やらなくてええことをやるから、人生楽しいわけやん。

けんちゃん　ええ〜？　やらなくていいことが楽しいって、どういうこと？

健治

やらなければならないことには、「責任」や「役割」や「犠牲」がくっついてくるから楽しくないんや。それは「恐れ」が行動の原動力になってるからや。

反対にやらなくてもええことには、「責任」も「役割」も「犠牲」もくっついてないから楽しいんや。それは「愛」が行動の原動力になってるからなんや。

例えば同じ作業でも、「あ、これやらなくてもええんや」と氣づいて、「じゃ、やらなくてもええけど、自分がやりたいからやろ」と思えることが重要やねん。

あの人もこの人もそうしてるから自分もそうするゆうのは、自分の意思で生きてることにならへんねん。

自分の意思で生きるっちゅうことは、集団催眠から目覚めて、他人がどう思うかは関係なく、「自分はこうしたい」「こう生きる！」って決めることやねん。

そっから本当の自分の人生が始まるんや。

というわけで、楽しんで宿題、やってみよか！

けんちゃんメモ

人生には、やらなければならないことなんか一つもなくって、やらなくてもいいことをするから人生楽しいらしい。やらなくてもいいことで、僕がやりたいことって、どんなことやろ?

12話 出逢う人はあなたの先生

健治　君、今までいろんな人と出逢ってきたやろ？

けんちゃん　うん、今パッと思い出せる人でも一〇〇人以上はいるかな。

健治　地球上に、今、人間何人おると思う？

けんちゃん　う～ん、わからん。

健治　君らの時代で四十億人以上や。俺たちの時代は七十五億人くらいおんねん。

けんちゃん　うわぁ。もう想像できんくらいの多さやね。

健治　0・0000000025%や。

けんちゃん　な、何？

健治　君が覚えてる一〇〇人って、全人類の0・0000000025%や。

けんちゃん　うわぁ、これも、すごすぎて何も感じへんわ。

健治　これはな、その一〇〇人と0・0000000025%の確率で出逢ってるってことでもあるんやで。めちゃくちゃ縁があると思わへん？

けんちゃん そう言われるとそうやけど、そんな大げさなこと？

健治 大げさなことやがな。この出逢っとる一〇〇人、君が選んどるんやで！

けんちゃん 超ベストメンバーを自分で選んどんのや。

自分で出逢ってる人を選んでる？

健治 そうや。人生で出逢う人は、自分がその人から何かを学ぶために、自分自身で決めとんねん。

せやから、男も女も、赤ちゃんも、おじいちゃん、おばあちゃんも、しょぼく見える人も、すごく見える人も、もちろん両親も、出逢う人は自分の先生やねん。

けんちゃん えええ〜！　ちょっと待って。同じクラスの佐野くんは、どう見ても僕の先生やないと思う。

健治 なんで、そう思うん？

けんちゃん めっちゃ人のこと見下すねん。人をバカにするっていうか……「お前は頭悪い」とか「そんなんやからあかんのや」とか言われて、めっちゃ腹立つし、キライやねん、佐野くん。そんな、あいつが僕の先生やなんて、あるわけないやん。

健治 佐野くん、めちゃくちゃ君の先生してくれてるやん！

けんちゃん はぁ、どこがぁ？

健治 佐野くんが君をバカにして見下したって言うたやん。それ、誰が感じたん？

けんちゃん そりゃ、僕や。あんなこと言われたら、「バカにされた。見下された」って思うの、当たり前やん。

健治 人を見下して、バカにされたと感じたのは、君やん。つまり君自身が、自分をバカにして見下しとんねん。

けんちゃん 僕？　僕自身が自分を見下してるの？

健治 そうや。自分が自分を「バカにされる」「見下される」対象やと信じてんねん。

けんちゃん えっ、自分がそう信じてんの？

健治 そのとおりや。佐野くんが、「お前は頭悪い」とか「そんなんやからあかんのや」って君に言うてくれてるのはな、「お前は頭悪いっていう思い込みを持っとるぞ～。そのままの自分じゃあかん、こんな自分は嫌や～って思い込んでるぞ～」ってことを教えてくれてんねん。
それと実はな、君自身が、人を見下したりバカにしたりする要素を持ってんねん。

相手が見せてくれてんのは、自分自身の姿やねん。

反対に、相手の中に素晴らしい面を見ることもあるんや。「ああ〜この人のこうゆう氣配りが素晴らしいなぁ」とか感じたら、自分も同じようにその素晴らしさを持ってんねん。

出逢う人すべてがな、それらを氣づかせてくれる先生やねん。

けんちゃん 相手が見せてくれてんのは、自分自身の姿……。

健治 そうや。自分一人では自分の姿は見えへんけど、相手が鏡になってくれて、はじめて自分の姿がわかるんや。
せやから、すべての人は自分の先生や。その先生の中に、自分自身を見るようにするんや。

けんちゃんメモ

出会う人は僕の先生。僕に何かを教えてくれてるらしい。
今度、嫌な人に出会ったら、何を教えてくれようとしてるんか考えてみよ。

13話 未来を思い出す

健治　現在・過去・未来♪　あの人に逢ったならぁ〜♪

けんちゃん　何歌ってんの？　聞いたことないなぁ、その歌。

健治　せやろ。君が十二歳になった頃、この歌、流行るで〜。

けんちゃん　え！　そうなん？

ところで、そんなん言うてもええの？　なんか、こうゆう未来のことって、僕が知ったらあかんのちゃうの？　この前の、交通事故ですい臓が破裂したとか、DVDゆうのができるとかも……。

健治　大丈夫や。今、こうやって話してるのは、今この瞬間やねん。

君が俺の年齢になるまで、この会話は起こってないねん。

つまり、十歳の君は、この会話のこと全然知らんっちゅうわけやねん。

けんちゃん　じゃ、僕、未来の時間で話してるの？

健治　未来でも、過去でもなく、今この瞬間に話してるんや。

けんちゃん　ふ〜ん、なんか……わかるようなわからんような……。

健治　ま、氣楽にいこや。

けんちゃん　ところで君、未来思い出せる？

健治　未来？　そんなん思い出せるわけないやん！　何言うてんの？

けんちゃん　じゃ、過去は思い出せるやろ？

健治　まあ、記憶にあれば思い出せるけど。

それは、脳にある記憶の話やねん。

例えば、その脳の記憶がなくなったら、過去に起こった出来事って、なかったことになる？

けんちゃん　それは、ならへんわ。実際に起こった事実は事実として、記憶になくても存在するのは当たり前やん。

健治　そうやな。それと同じように、未来も存在すんねん。

過去も、未来も、〝今この瞬間〟に存在してんねん。

せやから、過去を思い出せるように、未来も思い出すことができんねん。

けんちゃん　ただな、未来はちょっと、思い出し方がちゃうねん。

健治　過去は脳の記憶で思い出しとったけど、未来はまだ起こってないやん？　うん。起こってないし、そもそも、未来を思い出すってどういうこと？

けんちゃん　未来には、無数のストーリーがあんねん。

健治　無数のストーリー？　そうや。

でな、その無数のストーリーの中の、ひとつのストーリーを選んで思い出すんや。するど自分の未来が、そのストーリーに向かって動き出すねん。

けんちゃん　未来を選んで思い出す？

健治　そうや。それはな、こうなったらええなぁいうレベルちゃうねん。

その未来は、もう確実に存在しとんねん。

未来を選んで思い出すっちゅうのは、自分がそうなるってことを「すでに知ってる」いうことなんや。

過去に起こった出来事は知っとるやろ？　それと同じように、未来に起こることも完全に知っとるんや。

けんちゃん　しかも、どのストーリーにするかは自分が決めたらええねん。
健治　あかん。完全に、わからん。
大丈夫や。そのうち思い出すから。

けんちゃんメモ

過去を思い出すように、どうやら未来も思い出せるらしい。どんな未来を選んで思い出そうかなぁ？

14話 所有という幻想

健治　君、なんか大切にしてるモノとかある？
けんちゃん　うん、ラジカセ。
健治　おお〜、懐かしいなラジカセ！　今はな、みんな、こんなん持ち歩いてんねん。

——そう言って健治はポケットから iphone を取り出した。

けんちゃん　なんやそれ！

健治　これなぁ、アイフォンゆうて、音楽も聞けるし、電話にもなるし、カメラにもなるし、計算機にもなるし、テレビも見れるし、手紙（email）も送れるし、世界中の人とテレビ電話もできるし、買い物もできる箱やねん。

けんちゃん　えええ？　こんな小さいやつに、そんないっぱい機能入ってんの？

健治　これ、カセットテープどこから入れんの？

けんちゃん　カセットテープいらんのや。この中にな、カセットテープ五〇〇本位の音楽が入っとんねん。

健治　うぉ～！　そんな小さいカセットテープがあるんやなぁ。

けんちゃん　……うん、まあ、そんな感じや。

健治　んで、そのラジカセやけど、それ誰のモノ？

けんちゃん　僕の。

健治　いつまで？

けんちゃん　え？　何？　いつまでってどうゆうこと？

健治　それ、死ぬまで自分のモノちゃうやろ？

けんちゃん　死ぬまでは使わんと思うけど、大事にしとんねん。

健治 そのラジカセさぁ、ラジカセになる前は、何やった？
けんちゃん う〜ん……プラスチックとか鉄とかゴムとかかな？
健治 その、プラスチックとか、鉄とか、ゴムって、元々どこにあったん？
けんちゃん 地球のどこか……かな。
健治 そうや。地球のどこからか採掘されたりした資源が、形を変えてラジカセになっとんねん。
けんちゃん 確かに、そうやね。
健治 つまり、そのラジカセは、一時的に地球から借りてるモノっちゅうことやねん。
けんちゃん 地球から借りてるモノ？
健治 そうや、所有してるんちゃうねん。地球から借りてんねん。
そのラジカセも、いずれ壊れたりして使われんようになるやん。そしたらまた、部品とか再利用される資源は再利用されて、製品になって、違う人のところに行くようになんねん。
そうやって、地球からのレンタルがずっと続いていくんや。
けんちゃん すべてのモノが、そうなん？

健治　そうや。目に見えるもんは、すべてそうなんや。

君のその身体あるやろ？　それも物質や。

自分の身体や、すべての物質は、自分のモノちゃうねん。地球からの一時的な借りもんや。

せやから、自分の身体も、すべてのモノも、大切にせんとあかんな。

けんちゃん　うん、わかった。大切にする。

けんちゃんメモ

形のあるものは、全部、地球からの借りモノ。僕の、この身体も借りモノやから、大事にせんとあかんな。

15話 声に宿るエネルギー

健治　よっしゃ～！！！！！！
今日も行くで！　やったるで！　えいえいおーーー！！！

けんちゃん　き……急に、どないしたん？　なんか悪いもんでも食べたん？

健治　ちゃうがな。ちょっと大げさに声出してみたんや。
どう、どんな感じした？

けんちゃん　なんか、まぁ、元氣やけど暑苦しいゆうか、うっとうしいゆうか……。

健治　せやろ？　じゃ普通に。
「さ、今日もわたくしとお話を始めましょう。さぁ、お席にお座りになってください？」これ、どう？

けんちゃん　全然、普通ちゃうやん。標準語、氣持ち悪いし。そもそも、なんで女言葉になっとんねん！

健治　なんでわからんかなぁ～？　このお笑いのセンス。君、修行が足らんでホンマ。まあええわ。声ってな、その人のエネルギーが乗っかるねん。

けんちゃん　エネルギー？

健治　エネルギーっちゅうのは、何かを変化させる力やねん。例えば磁石の磁力っちゅうのは目には見えへんけど、プラス極とマイナス極を近づけたら、くっつくやろ？

けんちゃん　うん、理科の実験でやったことある。

健治　これもエネルギーや。磁力みたいに、地球や宇宙に元々備わってる物理的なエネルギーっちゅうのは、めっちゃたくさんあるねん。で、人間からもエネルギーが出とんねん、電波みたいにな。人間が放つエネルギーっちゅうのは、発信する人の思考の力、感情の力、想いの力なんかが合わさってエネルギーになっとんねん。例えば、その人が表現してる声や、身振り手振り、表情、他にも、文章や絵画や音楽なんかに、その人が出したエネルギーが乗っかってんねん。

けんちゃん　人が出すエネルギーが、いろんな物に乗っかるんやね～。

健治 そうや。そんでな、出してるエネルギーが大きかったり、小さかったり、プラスやったり、マイナスやったり、激しかったり、優しかったりするわけや。そのエネルギーの違いを人は無意識に感じ取ることができるんや。

けんちゃん へ〜。声にエネルギーが乗っかるって、例えばどんなこと？

健治 せやなぁ……例えば、自信のある人って、声大きい？ 小さい？

けんちゃん 大きいかな。

健治 そうやろ。例えば政治家の選挙演説あるやん。あれ、ボソボソしゃべってるヤツおらんやろ？

けんちゃん うん、大きくハッキリした声で「清き一票を！」言うてるな。

健治 人が何かを伝える時にな、「何をしゃべってるか」より、「どんなエネルギーでしゃべってるか」のほうが大事やねん。
話の内容は大したこと話してないんやけど、めちゃくちゃ説得力のある話し方をする人とか、話の内容は素晴らしいんやけど全然説得力のない話し方をする人がおんねん。
で、結局は話の内容より、その人が発してるエネルギーに、人は反応するもんやねん。

けんちゃん 内容そのものより、発してるエネルギーに影響を受けるんやね。

健治 そうや。歌もそうやで。歌声にその人のエネルギーがそのまま乗っかるねん。めっちゃ悲しい歌とかあるやん。あれ、歌ってる本人が悲しい体験をしてなかったら、その悲しい感じは伝わらんもんやねん。

つまり、どんな話をするか、どんな歌を歌うかより、「どんなエネルギーで話をするか？　どんなエネルギーで歌を歌うか？」のほうが、めちゃくちゃ大事やねん。

けんちゃん そうかぁ。どんなエネルギーを発するかが大事なんやね。

けんちゃんメモ

人はエネルギーを発信していて、受け取る人に影響を与える。
よし、言葉を話す時、自分がどんなエネルギーを出してるか、意識してみよ。

16話 夢を叶えるのに、やり方はわからなくてもいい

健治 君、どんな夢ある?

けんちゃん 野球選手。

——けんちゃんはソフトボールをやっていて、守備もバッティングも、そこそこ上手かったのだった。

健治 ほぉ。そっか。君、ソフトボール上手いもんな。(中学生で野球部に入り、上級生からの嫌がらせで野球部をやめちゃうことは言わないでおこう……。)
あのな、夢の叶え方って、二種類あんねん。

けんちゃん 二種類?

健治 そうや。一つ目は、この世の中で、自分が得たい結果を出している人から学んで、

夢を叶える方法や。

けんちゃん　憧れの人みたいな？

健治　そうや。例えば野球選手やったら、憧れてんの、誰？

けんちゃん　巨人の高田選手。

健治　おおお〜。青いグローブのな！

けんちゃん　そうそう、めっちゃ守備上手いねん。

健治　高田選手から直接学ぶのは、無理な可能性、高いやん？
でも、高田選手自身が教わった先生ゆうか、コーチがおるはずやねん。中学、高校、大学と、どこの学校行ってて、どんなコーチに教わったか調べてみて、それに近い環境で高田選手がやってた練習の質と量を超えるくらい練習したら、高田選手にはなれなくても、きっと近いところまでいけるはずやねん。
せやからな、プロになる方法なんて知らんでええねん。下手に自分で間違った知識を得て行動をしてしまうと、悲惨な結果になることもあるんや。
『巨人の星』[*1]のお父さん、おるやん。星一徹や。大リーガー養成ギプス使うやつ。あれ、ホンマにやってしもたら、プロに行けるどころか、身体壊す思うねん。

とにかく、結果を出してる人から教えてもらうのが、一番確実で早道なんや。

けんちゃん　そうかぁ。自己流でやるんやなくて、知ってる人から教わったほうがええんやね。

健治　二つ目は、まだ誰も、その夢を達成したことがない場合の夢の叶え方や。

けんちゃん　前例が、ないっちゅうこと？

健治　そうや。例えば坂本竜馬[*2]の場合、日本を西洋諸国のように身分の違いがない自由な国にしようとしたんや。せやけど、そんなん誰もやったことがないやん？　でも竜馬は、やり方なんかわからんでも、その道を開いたんや。

あとライト兄弟[*3]もそうや。その当時、だ〜れも人間が空飛べるなんて信じてなかったと思うんや。でも、本人たちだけが信じてたんや、できるって。そんなん、できるに違いないって！

これ、前に言うた「未来を思い出す」いうやつやねん。

つまり、坂本竜馬も、ライト兄弟も、誰もやったことないけど、できるのを知ってたんや。

せやから、自分自身は、やり方なんか知らんでもええねん。

覚えてるかなぁ、あの「大いなる存在」が、「この人と会っときやぁ〜。あ、これ必要やから用意しとくわ〜」ゆうて、実は実現のお膳立てしてくれてんねん。

それをシンクロニシティって呼ぶんや。

けんちゃん
しんくろにしてぃ？　はじめて聞いた。

健治
シンクロニシティいうのは「意味のある偶然の一致」って言われてるんや。

例えば、道を歩いてたら何年も会っていなかった友人のことを急に思い出して、そのあとすぐにその友人とバッタリ出会ってビックリしたとか、頭の中で、ある言葉が思い浮かんだと思った瞬間、テレビで同じ言葉を出演者が話したり、その日のうちに何度もその言葉を聞いたり目にしたり……。そんなふうに、人生には偶然では考えられんような不思議な出来事って結構あるもんなんやけど……実は偶然いうのはなくて、すべて必然なんやけどな……その必然を引き起こしてるのがシンクロニシティや。

話を戻すと、大体のことは誰かがやったことあることやから、その場合、知ってる人に教わればええんや。

で、やったことない場合は、天（大いなる存在）に導いてもらえばええねん。

けんちゃんメモ

夢を叶える方法は二つある。
知ってる人から教わる方法と、大いなる存在に導いてもらう方法。
二つともやったら、すごいことになりそうやなぁ。

＊1 巨人の星　原作・梶原一騎の漫画およびTVアニメーション。主人公の星飛雄馬が、巨人軍の三塁手だった父・星一徹により、幼年時から野球のための英才教育を施され、読売ジャイアンツに入団し、プロ野球選手として活躍するスポ根野球漫画。

＊2 坂本龍馬　幕末の英雄と評される江戸時代末期の志士。薩長同盟を仲介して大政奉還につなげ、近代日本の誕生に決定的な役割を果たすが、明治の新国家を見ることなく暗殺された。

＊3 ライト兄弟　一九〇三年に世界初の有人動力飛行に成功した世界初の飛行機パイロットであり、動力飛行機を発明した兄弟。アメリカ出身。自転車屋をしながら兄弟で研究を続けた。

17話

「なんのために」を大切にする

けんちゃん　あのさぁ、おじさん。勉強って、なんのためにするんやろか？理科の実験とかホンマ、なんのためにやっとんのか全然わからん。

健治　そういや、俺も小学生の時、そう思ってたわ。

けんちゃん　……。

健治　……。

健治　さ、今日も元氣に、話し始めよか！

けんちゃん　どうして勉強をするのか、わからんの？

健治　うん。

けんちゃん　そんなん、当たり前やで。あたり前田のクラッカーやで！って、ちょっと古すぎたか。

けんちゃん　つうか、知らん。

健治 し、知らんのかぁ〜〜〜い！！！（あ、そういや十歳の頃知らんかったかも？）君、なんの勉強するのかも、自分で決めて学校行ってないやろ？

けんちゃん 義務教育やから、当たり前やん。あたり前田のクラッカーやん。

健治 そ、そこにぶっこんできたか……。

けんちゃん そうやなぁ、学校から与えられた教科書があって、その内容に沿って先生が勉強を教えて、子どもたちはどんな勉強をしたいか選ぶこともできずに、決められたカリキュラムをこなす時間割があって……。まぁ、そんな感じやん義務教育って。

健治 うん、まあそうやね。

せやけど、例えば何のために勉強するのかがわかってて勉強するやつもおんねん。ある女の子の話やけどな、その子のお母さんは子どもの頃病氣がちで、ほとんど学校での勉強はしてなかったらしいんや。で、そのお母さんは、娘にこう言うたらしいわ。「お母さん、学校の勉強してへんから、知りたいねん。あんたが勉強してきたこと、お母さんに教えてくれへん？」って。

その日から、その女の子はお母さんに教えるために、学校で勉強してきて、それをノートに書くとかして覚えて、毎日、お母さんに教えたったらしいわ。この女の子、学年でいつも成績トップやったらしいで。

けんちゃん すごいな。お母さんに教えるためやから、できたんやね。

健治 そうやねん。人間の行動はな、「なんのために」が原動力になってんねん。この「なんのために」が、最初は自分自身のためでもええねん。そのうちに「人のために」「社会のために」って、「なんのために」が変化していくもんやねん。それからな、「なんのために」の大元は、二つしかあらへんねん。

けんちゃん たった二つ?

健治 そう、二つや。「恐れを回避するため」と「愛を与え、受け取るため」や。つまり、行動の動機は「恐れが原動力の場合と、愛が原動力の場合」があるんや。

けんちゃん 恐れと愛?

健治 そうや。例えば「生活するためのお金を稼がないと生きていけないかもしれない」という恐れが原動力の場合、じゃあ、本当はやりたくない仕事やけど、生活のために仕事しなきゃ、となるわけや。
反対に、「これをやることで多くの人の生活がもっと良くなる! うわぁ、ワクワクするなぁ」という愛が原動力の場合、毎日が充実してて満たされた状態になるんや。

健治 そう聞くと、愛が原動力のほうが全然ええなぁ。

けんちゃん そうとも限らへんのや。

「恐れを回避するため」も重要な動機やねん。例えば病氣になって、このまま働き続けると命に危険があるとわかったら、仕事休んで病氣治そうとするやん？

ともかく、これから何かをしようと思う時、「これは、なんのためにやるんだろうか？」と自分に聞いてみるとええんや。それは「恐れを回避するため」だろうか？「愛を与え、受け取るため」やろうか？と。

それがわかった上で、行動すればええんや。

けんちゃんメモ

何かをする時は、なんのためにそれをするのかが大事。

今まで、なんのためにって考えたことなかったけど、考えてから行動するようにしてみようかなぁ。

18話 人生で実現したいことを紙に書き出す

健治 君、人生で実現したいこと、いくつある?

けんちゃん う〜ん、そうやね〜。野球選手にもなりたいし、自転車で日本一周もしてみたいし、いろいろあるなぁ。

健治 みんな、それぞれ人生でやりたいことっていうのはあるんやけど、実現できる人と、実現できない人に分かれんねん。

けんちゃん え、なんで? 何が違うの?

健治 実現しない人の特徴はな、「頭の中で漠然と考えとるだけ」ってことやねん。反対に、実現する人の特徴は、「紙に、やりたいこと書き出して行動しとる」ゆうことやねん。

けんちゃん なんで、紙に書くと実現すんの?

健治 まず、頭の中から出すいうことが大事やねん。

けんちゃん　頭の中から出す？

健治　そうやねん。自分の頭の中にあるうちは、自分が何を望んでるのかを目で確認できへんやん？

けんちゃん　あ〜、確かに、目では見えへんね。

健治　紙に書き出したらな、今度は、それを声に出して読んでみんねん。

けんちゃん　読むの？

健治　そうや。そしたらな、耳からも聞こえるやろ？

けんちゃん　確かに。

健治　紙に書いて声に出して読んでみたら、自分が実現したいことが客観的に見えるし、聞こえよるやん。あ〜、これが自分がやりたいことなんやなぁって。そしたら、第三者のように「よし、応援したろ」って決めんねん。

けんちゃん　自分を応援すんの？

健治　せやがな。他人を応援するように、自分を応援すんのや。
で、その人生で実現したいことリストは、年々更新していったらええねん。
人生の途中で実現したいことは変わってくるし、例えば、十年前では考えられんかった自分自身に成長していることもあるから、時々リストを取り出して、書き換えていけばええんや。

そうやって、人生で実現したいことを紙に書き出して、声に出して読んでみると、自分の深い部分が、そのことを覚えるようになんねん。

それで「大いなる存在」も手助けしてくれるようになるから、実現できるようになるんや。

けんちゃん　うん、わかった。今日からリスト書いてみる。

けんちゃんメモ

紙に書くと、実現したいことが叶うらしい。

よし、僕も実現したいこと、一〇〇個書いてみよ！

19話 問題の中に人生のテーマがある

健治　君さぁ、生まれた時から五歳まで、澤山さんの家に預けられとったやん。

けんちゃん　うん、そうやなぁ。

健治　で、そのあと本当の父親と母親のところに返されて、しばらく平和やったけど、九歳の時に父ちゃんが母ちゃんの首締めとんの目撃して、父ちゃん出て行ったきり帰って来んかったやんな。それで今、君、十歳で一人暮らししてるわけやん。これって、君が持ってる問題やねん。

けんちゃん　え？　僕の問題？　ちゃうやん、これって親の問題やろ？

健治　そう思うのも無理ないけどな。実は、「本当の自分」が決めてきたことなんや。

けんちゃん　「本当の自分」が？

健治　この親のところに生まれてくるって決めたんも、澤山さんの家に生まれた時から預けられたんも、父ちゃんが出て行ったのも、君が今、一人暮らししてるのも、

けんちゃん　本当は、君自身が決めたことやねん。わかるか？

健治　う〜ん、全然わからん。

けんちゃん　まあ、今はそうやろ。

「本当の自分」がな、今回生まれてきた人生のテーマを思い出すまで、何度も何度も、問題を繰り返して起こすようにしてんねん。

健治　問題を繰り返して起こしてんの？

けんちゃん　そうやがな。繰り返してるとな、ある日、「なるほど、これに氣がつくために、この問題は起こってたんや！」と、わかる日が来るんや。

で、その人生のテーマがわかって、その問題をクリアしたり、その問題のおかげで人の役に立ったりすることが起こんねん。

で、また別の問題が起こってきた時は、別の分野の人生のテーマを思い出す時や。

ということは、問題が起こる時っていうのは、本当の自分から「君の次のテーマはこれやぞ」って氣づかせてくれるサインが来てるようなもんなんや。

健治　人生のテーマって、一個じゃないんやね。次も来るんやね。

けんちゃん　そうや。

問題にこそ、人生のテーマが隠されてるんや。問題は人生のテーマに氣づくために、本当の自分から贈られたプレゼントなんや。

けんちゃんメモ

問題はプレゼントか……。
今度、問題が起こったら、本当の自分が、僕に何を伝えようとしてるのか、考えてみよかな。

20話 行動し続けた人に幸運はやってくる

健治　今日は、行動の話や。

けんちゃん　行動？

健治　そうや。めっちゃすごいアイディアがあっても、叶えたい夢があっても、なんにも行動せんかったら、それは絵に描いた餅みたいなもんやねん。手に入れることや、味わうことはでけへんのや。

けんちゃん　行動しないと、得られへんいうことやね。

健治　そうや。俺ら、二十二歳の頃、バンド活動しとったんや。

けんちゃん　そうなん？　かっこええやん！

健治　そうやろ。で、その頃、バンドの演奏をカセットテープに録音して、俺たちの音楽を聞いてくれって、レコード会社に送りまくっとったんや。

けんちゃん　オーディションゆうやつやね。

健治　そうや。でも、五十本送っても、一〇〇本送っても、いい返事は来んかったんや。でも、ある日「コロムビアレコードです」言うて、電話があったんや。「アニメの主題歌を歌ってみるつもりはありますか？」って。俺は、二つ返事でOKして、そのアニソンのオーディションを受けて、見事合格したんや。それで、二十四歳の時に、アニメ歌手としてデビューできたんや。

けんちゃん　スゴイな！　おじさん、歌手なん？

健治　俺ら、な。そのキッカケをつくったんは、君やで。

けんちゃん　え！　僕？　なんかあったっけ？

健治　君、この前、夜中に音楽聞いとったやろ？　ラジオから流れてきたやつ。

けんちゃん　うん。英語やから、何歌ってるかわからんかったけど、なんか、涙がボロボロ出てきて、止まらんかった。「あ〜、音楽は、こんなに人を感動させる力を持っとんのや〜。僕も、こうやって人を感動させられる人になりたい！」って思ったんや。

健治　それや！　それがな、俺たちを音楽に向かわせたルーツやねん。

けんちゃん そうやったんや。

健治 でもな、あのデモテープを送り続けている時に、途中でやめてたら……。

あと一本送ったら受かってたかもしれないチャンスをドブに捨てることになってたかもしれへんねん。

せやからな、行動を途中でやめた人には、幸運の女神は微笑まんのや。

途中で諦めんと行動し続けた人だけに、幸運はやってくるんや。

けんちゃんメモ

行動し続けることが大事。

途中で諦めたらあかんな！　よし、僕も行動し続けるぞ。

21話 人は変えられない、変えられるのは自分だけ

健治 今日は、人は人を変えることはできないっちゅう話や。

けんちゃん え？　でも、「恩師の影響で僕は変わりました」って、この前ラジオで言ってたけど？

健治 その恩師の影響を受けた人は、恩師がキッカケであったのは確かやけど、行動に移して変化したのは本人やん。

けんちゃん そりゃそうやけど、例えば落語家とか、弟子入りして師匠に学んで成長していくわけやん？

健治 そうや。でも、師匠は弟子を変えることは、できへんのや。

けんちゃん え！　どうして？

健治 例えば、師匠が弟子たちを集めて、落語に必要な知識や知恵、秘伝の技とかを全員に教えたとするやん？　でも、その弟子の中には、成長して変わるやつと、あ

んまり変わらんやつがおるはずやねん。

つまり、自分自身が成長したいと思い、自ら勉強し、変化したいと思って師匠の教えを学んだり、その教えに基づいて行動を繰り返したやつだけが、変化することができるんや。つまり、自分を変えていけるのは、自分自身だけなんや。

師匠ができることは、弟子たちが変化を起こすための情報を伝えたり、環境を与えることだけや。それしか、できへんのや。

けんちゃん じゃ、よく「自分が育てた」みたいな話聞くけど、あれ嘘なん？

健治 その師匠は、自分が育てた思てるかもしれんけど、実際は育てたんやなくて、教えた弟子が育ったんや。師匠は、弟子が育つためのお手伝いをしたわけや。

普段の人間関係でも、相手を変えることは不可能なんや。

例えば「あの人の、人を見下したようなしゃべり方が嫌いやから、なんとか変えよう」と、その人に注意したりすることあるやろ？「あんたの、その人をバカにしたようなしゃべり方、やめてくれる？」とか言うてな。

けんちゃん 僕も、そう思って人に言うた時あるわ。

健治 そんなん言われた相手は、もっと攻撃的になるはずやねん。

けんちゃん　ケンカ売ったみたいなもんやもんね。

健治　そうや。人は変えられへんねん。でもな、自分を変えることはできるやん。例えば、その腹が立つ相手に対して優しい言葉をかけてあげたり、いろいろ配慮してあげることは、自分の意識が変わればできることやん。

けんちゃん　うん、そうやね。

健治　そうやって、自分自身から変えていくとな、自然と、相手も自分から変わっていくもんやねん。

けんちゃん　そっかぁ。

健治　そうや。人は人を変えることはでけへんのや。自分だけが変わることができるんや。

けんちゃんメモ

人は変えられない、変えられるのは自分だけ。
人を変えようとせんと、自分を変えたらええんやな。

22話 未来は過去の延長線上である必要はない

健治　今日は、「未来は、過去の延長線上である必要はない」っちゅう話や。

けんちゃん　過去の延長にあんのが、未来ちゃうの？

健治　ちゃうねん！「その犬チャウチャウちゃう？　ちゃうちゃう、チャウチャウちゃうんちゃう？」っちゅうくらいちゃうねん！

けんちゃん　（……か、完全にイカれとるなぁ。なんや、チャウチャウって……。）

健治　はぁ、はぁ、息きれてもーたわ、ホンマ。

あのな、多くの人がな、過去の経験の延長線上で未来を見とるのは確かやねん。例えば、過去、異性にモテなかったから未来もきっとモテないだろうとか、過去もお金に縁がなかったから未来もきっとお金持ちになれないだろうとか、そう思ったりしてるわけや。

けんちゃん　僕も、社会の授業がめっちゃ苦手やから、これからもずっと苦手ちゃうかなって思うんやけど。

健治 君の社会の授業は、そうかもしれんな。

けんちゃん な、なんなん。過去の延長線上じゃないって言ったやん。

健治 ちゃうちゃう、過去の延長線上である必要はないって言うたんや。

けんちゃん ややこしいな。

健治 つまりな、どんなことであっても、〝今この瞬間〟から、変えることはできるんや。

まあ、変えようと思えばの話やけどな。

昔なぁ、同じクラスに、自分に全然自信のない女の子がおったんや。人の目を見て話せなかったり、ものすごく声が小さかったりしてな。なんかちょっとこう、おどおどした感じやったんや。

でな、何年か経って同窓会に出た時に、その女の子も来ててな、全然違う感じになってたんや。めちゃくちゃ元氣よくて、ハキハキしてて、ガハハって、よう笑いよんねん。なんか吉本の女芸人みたいになってたんや、その女の子。

けんちゃん へぇ〜。人って、そんなに変われるんやね。

健治 ホンマにそう思ったわ。人は変われるんやって。

貧乏なやつが貧乏なまま、モテへんやつがモテへんまま、暗い性格のやつが暗いままでなくて、ええやん。いっくらでも、変われるやん。

未来は、過去の延長線上である必要なんか全然ないねん。

過去がどうであろうが、〝今この瞬間〟から変えられんねん。

本当に、自分の好きなように、未来、変えたったらええねん。

けんちゃんメモ

過去に関係なく、今この瞬間から、未来は変えられる。

僕の過去って、未来となんの関係もないんやなぁ〜。なんか安心した。

23話 違う道を歩き続けると景色が変わる

健治 君さぁ、学校へ行く時って、いつも同じ道を通る？

けんちゃん うん、大体、毎日、同じ道やなぁ。

健治 そしたら、毎回、同じ景色を見てることになるな。

けんちゃん まぁ、そうやね。季節によって、ちょっと違うけど。

健治 これって、人生と同じやねん。

例えば大人になって、会社に就職したとするやん。

けんちゃん うん。

健治 そしたら大体な、同じ時間に起きて、同じ道で会社行って、大体同じような仕事をして、帰りの道も大体一緒で……ちゅう感じで、毎日毎日、同じようなことが繰り返される日々を送る人って、結構多いねん。

けんちゃん それが人生なんやないの？

健治 もちろん、そういう人生もええと思うわ。同じ景色を見続けて、同じような体験を繰り返しするのが幸せだっていう人も、確かにおんねん。

せやけど、一度きりの人生やん？　いろんなこと体験するために生まれてきたんやん。もっと自由に、行きたいとこ行って、やりたいことやって、いろんな景色を味わって、めっちゃ楽しい経験や、めっちゃ怖い経験もしていくと、人生の景色が変わって、めっちゃ面白いやん。

そうするとな、出逢う人が違ってくるし、友人も違ってくる。扱うお金の単位も変わってくるし、チャレンジのハードルの高さも変わってくるんや。

そのほうが、生きてる感じするやろ？

けんちゃん なるほどぉ、そういうふうに説明されると、いろんな経験をしたほうが人生楽しそうやね。

健治 でもまあ、これは個人の選択やからな。どっちがええとは限らんねん。

同じ景色を何度も見るために、同じ道を歩き続ける人。

違う景色を見るために、違う道を歩き続ける人。

どちらでもええねん。

けんちゃんメモ

毎回同じ道を歩いたら、同じ景色しか見れないけど、違う道を歩いたら、違う景色が見れる。
僕は同じ道ばかり歩くのって、退屈やなぁ……。違う道は、ちょっと怖いけど、ワクワクするわ。

24話

勘違いや思い込みのすごい力

健治　俺らが十三歳くらいの時やったかなぁ……母ちゃんが自分の店（小料理屋）に、カラオケの機械を入れたんや。

けんちゃん　カラオケ？

健治　あ、この時代、カラオケまだないか。カラオケいうのはな、レコードの音から歌ってる人の声を抜いたもんや。つまり、素人がプロの演奏で歌えるようにした機械やねん。

けんちゃん　すごいやん！　楽しそう。

健治　その当時はロックやポップスの曲はほとんどなくてな、演歌が主流やったんや。

けんちゃん　へぇ。僕が十三歳の時の新しい機械やのに、演歌が主流なん？　なんか過去の話聞いてんのか、未来の話聞いてんのか、わからんようになってきた……。

健治　で、ある時な、俺ら、お客さんの前で、カラオケ歌ってみたんや。

けんちゃん ほぉ。

健治 そしたら、そのお客さんが、「けんちゃん、歌めっちゃ上手いやん！　歌手になれるわ」って言うたんや。

けんちゃん 上手かったん？

健治 それはわからんねん。せやけど、そこから俺らの勘違いスイッチが入ったんや。

けんちゃん 勘違いスイッチ？

健治 そうや。「俺は歌上手い」ゆう勘違いスイッチが、バシッ！って入ったんや。実際に上手いかどうかは、録音して聞いたわけやないから、わからへんねんけどな、とにかく、プロになれるくらい自分は歌上手いって思い込んだんや。

けんちゃん そのお客さんの一言で？

健治 そうや。その酔っ払いのおじさんの、本氣で言うたかどうかも怪しい何氣ない一言が原因でや。

けんちゃん そ、そりゃすごい思い込みの力やね。

健治 そうや、その出来事をキッカケに、人前でガンガン歌うようになんねん。昔、父ちゃんが出て行く前に、一回だけ家族で長島温泉に行ったん覚えとる？

けんちゃん　ああ〜。あの大浴場すごかったなぁ。ゲームコーナーもワクワクした！

健治　あの大広間で父ちゃん、のど自慢に出て、アコーディオンをバックに歌ってたやん。

けんちゃん　そうや！　確か、カネ三つ鳴ったね。

健治　な！　俺らも、父ちゃんの血受け継いどんのやろな。

けんちゃん　ん？　勘違いする血筋？

健治　アホか！　歌上手い血筋やんけ！

でなぁ、極めつけは、俺ら、テレビのカラオケ大会出て、優勝すんねん。

けんちゃん　すごいやん！　優勝したん？

健治　そうや。それでまた勘違いのパワーがアップしてな。本格的にプロ歌手を目指すようになったんや。

アニソン歌手でデビューして、自分の歌がテレビから流れてきた時、あのラジオから流れてきた洋楽を聞いて泣いた時よりも感動したわ！

けんちゃん　うわぁ、全然、実感湧かへんけど（笑）。すごいことやなぁ。

健治　そうや、勘違いとか思い込みの力っちゅうのは、すごいパワーやねん。

人生を変える原動力と言うてもええと思うわ！

けんちゃんメモ

勘違いや思い込みには、すごい力があるらしい。
僕も、すごい勘違いや思い込みをして、人生面白くしたいなぁ。

25話 成功の軸、幸せの軸

健治　何がきみーのしーあわせ？　なーにをして喜ぶ♪
けんちゃん　また聞いたことない歌、歌っとるなぁ。
健治　そのうち、これも流行るで！　これな、主人公がアンパンやねん。
けんちゃん　アンパン？　主人公が？
健治　カレーパンとか、食パンとか、メロンパンも出てくるんや。
　そんなことより、君さぁ、どうなったら幸せ？
けんちゃん　ソフトボールの県代表に選ばれたら幸せ。あと、自転車あったら幸せやなぁ。
健治　そっかぁ、確かに嬉しいし、幸せ感じるやろな。せやけど、その幸せってな、一時的なもんなんや。
けんちゃん　どうして？
健治　県代表になるのはメッチャすごいことや！　それは、ぜひ目指したほうがええんや。でも、その試合はいずれ終わるやろ？ いい思い出にはなるかもしれんけど、ずっと自分を幸せにしてくれるものではないねん。

健治 一時的な幸せってこと？

けんちゃん いや、幸せというより、テンションが上がったゆう感じやねん。ホンマの幸せはな、しーんと静かな中にあって、自分の中から湧き出てくるものやねん。

健治 静かな中で、湧き出てくるの？

けんちゃん そうや。幸せっていうのは、自分の内側から湧き出る「存在している喜び」のことや。な〜んにも、いらんねん。自分が存在しているだけで、幸せは感じることができるんや。

例えば、自転車も、手に入った時は飛び上がって喜ぶはずや。「やった〜！ ようやく自転車がやってきた！」って。でも、数年経ったら、自転車が汚れてきて、あの時の感動はどこへ行ったんや？ゆうくらいになるはずやねん。

けんちゃん そんなもんやろか？

健治　ほとんどの人が、同じような経験してるはずやねん。例えば、お金を一〇〇万円貯めようと努力して、やっとその金額が貯まったとするやん？　その瞬間は嬉しいし、幸せのようなもん感じるねん。でもすぐに、「あれ？　成功したはずなのに、あんまし幸せを感じないぞ。おかしいな？」ってなるんや。

けんちゃん　なんで、そうなんの？

健治　それはな、今の、この足りない状態。例えば、お金が足りないとか、自由な時間が足りないとか、社会的地位が足りないとか、その足りない状態が満たされたら、きっと幸せになるはずや！って、ほとんどの人が勘違いしとるからやねん。

けんちゃん　え？　それって「幸せ」ってことなんやないの？

健治　ちゃうねん！　それは「幸せ」やなく、「成功」や。

けんちゃん　幸せと成功って、違うん？

健治　幸せと成功は、全く別もんやねん。いくら自分の外側のことで成功しても、幸せにはなられへんねん！それはな、「成功の軸」と「幸せの軸」は違うからやねん。

けんちゃん　「成功の軸」と「幸せの軸」？

健治　縦の軸と、横の軸やと考えればええわ。これで説明しよか。

――そう言って、健治は、メモ用紙に何かを書き出した。

健治　この表の真ん中を起点として、横の軸が「成功の軸」で、縦の軸が「幸せの軸」や。

けんちゃん　縦の軸は上にいくほど「幸せ」で、横の軸は右にいくほど「成功」ってことなん？

健治　そうや。
成功の軸ゆうのは、自分の外側でどんな目標を達成させるかという軸や。

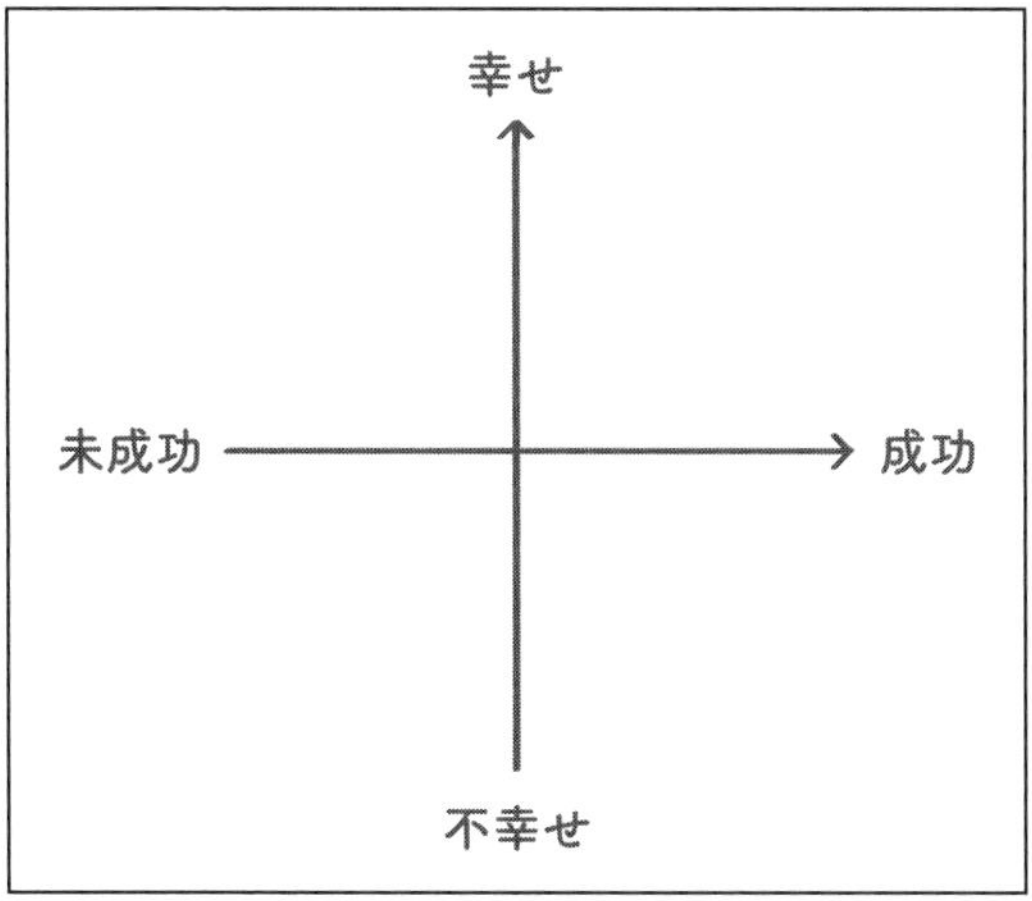

幸せの軸ゆうのはな、自分の内側でいかに〝今この瞬間〟幸せを感じるかの軸なんや。

けんちゃん
成功と幸せは、別のことなんやね。

健治
そうや。だから、幸せを感じるために、足りない状態を満たす必要なんて、全くないっちゅうことや。
自分の外側で成功をしていない人が、最高の幸せを感じてることもあり得るし（表の左上）、すべての目標を達成させて成功しまくってる人が全く幸せを感じられない（表の右下）というケースも少なからずあるもんなんや。
もちろん、成功もしてるし、幸せを感じてる人もおるけどな（表の右上）。

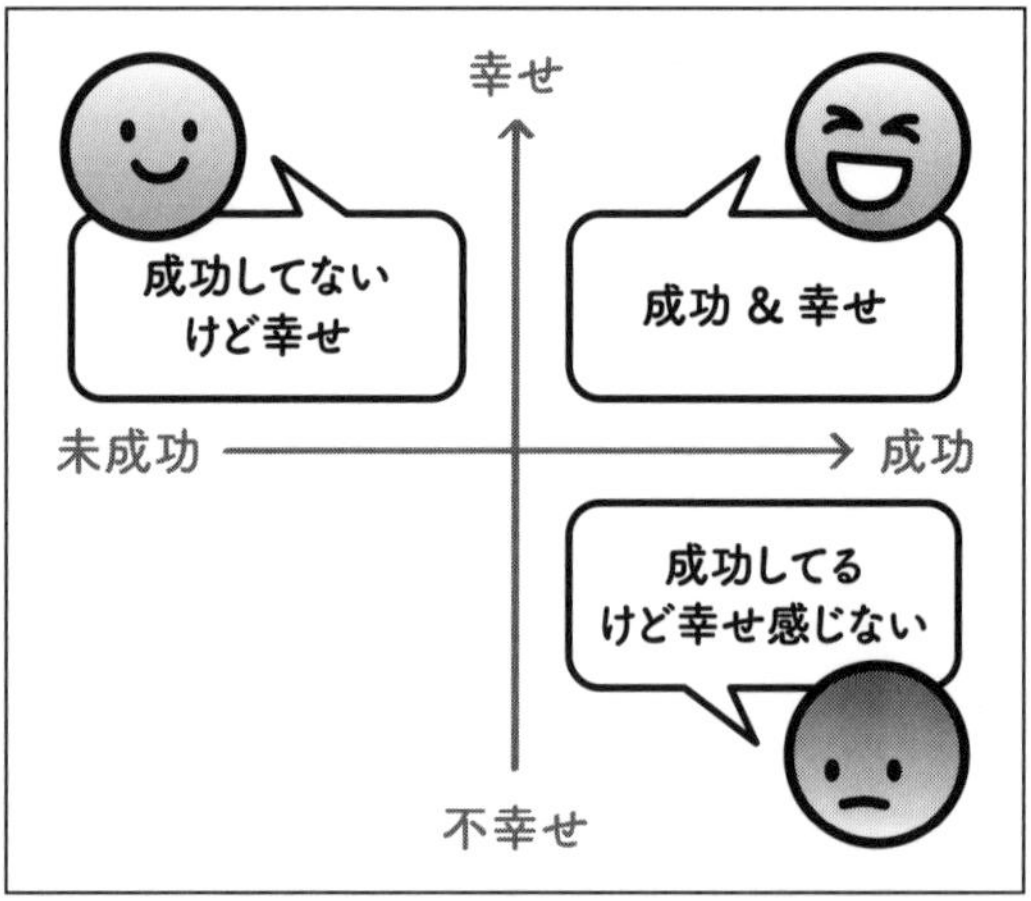

けんちゃんメモ

成功と幸せはどうやら関連性がないらしい。
僕は幸せで成功もしている人生がええなぁ。

26話 相対的な幸せ、絶対的な幸せ

健治　前回は、成功と幸せは軸が違うっていう話やったけど、今日は、幸せの種類について話すわ。

けんちゃん　幸せに、種類があんの？

健治　そうや、幸せはな、二つの種類に分かれんのや。

けんちゃん　二つしかあらへんの？

健治　そうやな、まぁ、大きく分けたら二つや。
幸せはな、相対的な幸せと、絶対的な幸せ、この二つがあるんや。
相対的な幸せいうのはな、比較するもんがあって成立する幸せや。

けんちゃん　比較するもん？

健治　例えばな、君、ソフトボール上手やん？

けんちゃん　まあ、うん。

健治　君より上手い子、誰？

けんちゃん　岡田くん。

健治　君、岡田くんより上手になったら、嬉しい？

けんちゃん　そりゃ、嬉しいわぁ！

健治　それが相対的な幸せや。

けんちゃん　ん？

健治　君と岡田くんを比較して、君が今、岡田くんより下手やと思っとるわけやけど、それがひっくり返ったら嬉しいわけやろ？

けんちゃん　うん。

健治　岡田くんを超えたって。

けんちゃん　超えられたら、そりゃ嬉しいよ。

健治　で、また岡田くんが頑張って、君を超えてったらどう思う？

けんちゃん　悔しいと思う。また頑張らなあかんと思うわ。

健治　大体な、世の中そんな〝競争〟みたいなことになってるんや。あの人よりも高学歴、良い会社、高い給料、綺麗な嫁さん、大きい家、高級な車、社会的地位、着るもの、食べるもの……。数えきれんくらい比較対象になるもんがあって、あの人よりちょっとだけ上とか、下とか、無意識のうちに、そんな競争しとんねん。

けんちゃん　あ〜。確かに、そういうのあるかも。

健治　まあ、そういうのが相対的な幸せや。つまり、他人との比較で幸せを感じるってことや。

でも、この相対的な幸せゆうのは、一時的に感じられても永久には続かへんねん。だってまわりを見渡したら、君よりあらゆる面で優れとるやつは、ごまんとおるやん。そしたら、いつまでも競争せなあかんやん。

さらに、相対的な幸せって、他人との比較だけやないねん。

例えば、遊びで海外旅行に二週間くらい行ったとするわ。普段仕事で疲れてるから、旅行へ行って幸せ感じんねん。温泉とかもそうや。あと、高級な料理とか、映画見に行くのも、いつもと違う体験やから幸せに感じるんやな。

これ、反対も言えるわ。年がら年中、世界中に旅行行ってたら、一箇所に落ち着きたくなるし、毎日高級な食いもん食べてたら、質素な食いもん食べたくなるやん？

けんちゃん つまり、今、自分に足りないと思うてる要素を埋めようとするわけや。ないものねだりっちゅうわけや。

せやから、この他人との比較や、体験の比較の対象がある幸せゆうのは、いずれ壊れんねん。

健治 う〜ん……。せやけど、海外旅行とか行って高級なもん食うて贅沢して幸せ感じて、そんで飽きたら家で質素なもん食うて幸せ感じて……、そんなふうにず〜っと繰り返してたら、いつも幸せを感じられるんちゃうん？

けんちゃん そう思うやろ？ だから大金持ちに「一番つまらないなぁと感じるのは何ですか？」って聞いた友達がおったんやけど、その大金持ち、なんて答えたと思う？

健治 えっとぉ……いろんなことやり尽くして飽きたとか？

けんちゃん お金と時間が、ありすぎることやて。

健治 ん、なんで？ わからん。

けんちゃん その人なぁ、お金と時間があったら、いろんな体験ができて人生幸せになるやろうなぁ思て、若い頃、一生懸命働いたらしんや。それで会社も人に任せて、自分が働かんでも、会社におらんでも、自動的に会社が回るようにしたらしいわ。

けんちゃん すごいやん、めっちゃ自由やん。

健治 でもな、働かんようになってから、その人、自分の存在意義がわからんようになったんやて。

若い頃は、成功と自由を追い求めてがむしゃらに働いとったんやけど、その頃が一番幸せやったって言うんや。今は、自分の居場所がなくなってしもうたって。お金と時間を手に入れて、自由と幸せを掴んだかのように見えたんやけど、それは最初のうちだけでな。自分で生きがいの場所をなくしてしもうたんや。

けんちゃん 何が幸せなんか、わからんようになってきたわ……。

健治 そうやなぁ。相対的な幸せは、いつかは壊れてしまうもんやねん。

けんちゃん ということは、反対に、絶対的な幸せは壊れないってこと？

健治 そうや。絶対的な幸せは、比較対象が全くないねん。

どんな状況であっても、どんなことが起ころうとも、ゆるぎなく絶対に壊れないのが「絶対的な幸せ」や。比較する対象が全くないっちゅうことは、壊れることはないゆうことやねん。

けんちゃん 壊れることがない幸せかぁ。

健治 幸せっていうもんは、実は、時間にも関係してるんや。
相対的な幸せっちゅうのは、まだ満たされていない過去の自分を、未来の自分が満たしていくということや。
でもな、過去も未来も、実際には存在してないねん。だから、存在していない過去や未来に、幸せを満たせるわけないねん。

けんちゃん 過去も、未来も、実際には存在してない？

健治 そうや。〝今この瞬間〟しか存在してないんや。
実際に存在している〝今この瞬間〟にしか、幸せを感じることはできへんのや。
そして、絶対的な幸せは〝今この瞬間〟だけに存在するんや。〝今この瞬間〟にいる時、比べるものは存在せえへんのや。ただ平安と喜びがあるだけや。それは絶対に壊れへんねん。それが絶対的な幸せや。

けんちゃん 〝今この瞬間〟にしか、存在してない……う〜ん。

健治 この前の話の中でサラ〜ッと、「ホンマの幸せは、存在している喜びのことや」ゆうたやつや。ただ存在することに、比べる必要も、壊れる必要もないやろ？

けんちゃんメモ

比べるものがあるのが相対的幸せで、いずれ壊れる。
比べるものがないのが絶対的幸せで、絶対壊れない。
絶対的幸せっちゅうのを僕も感じたいなぁ。
今、この瞬間にあるんやなぁ、絶対的幸せ……。

郵便はがき

恐縮ですが切手をお貼りください

1	0	1	0	0	5	1

東京都千代田区神田神保町3-2
高橋ビル2階

株式会社 ライトワーカー

愛読者カード係 行

フリガナ		性別
お名前		男 ・ 女
年齢	歳	ご職業	
ご住所	〒	
電話		
FAX		
E-mail		
お買上 書 店	都道 府県　　市区 郡　　書店	

ご愛読者カード

ご購読ありがとうございました。このカードは今後の参考にさせていただきたいと思いますので、アンケートにご記入のうえ、お送りくださいますようお願いいたします。

●お買い上げいただいた本のタイトル

●この本をどこでお知りになりましたか。

1. 書店で見て
2. 知人の紹介
3. 新聞・雑誌広告で見て
4. DM
5. その他（　　　）

●ご購読の動機

●この本をお読みになってのご感想をお聞かせください。

●今後どのような本の出版を希望されますか？

購入申込書

本と郵便振替用紙をお送りしますので到着しだいお振込みください（送料をご負担いただきます）

書　籍　名	冊数
	冊
	冊

●弊社からのDMを送らせていただく場合がありますがよろしいでしょうか？

□はい　□いいえ

27話 人生の運転席に座る

健治　今日は、乗り物の話や。

けんちゃん　電車とか、車とかの？

健治　人生で、自分が行きたいところへ自分を運んでくれる乗り物の話や。

けんちゃん　そんな乗り物あんの？

健治　実はすべての人は目に見えない「人生の乗り物」に乗ってるんや。せやけど、行きたい場所（人生の体験）に行けるように自分で運転席に座って運転してないんや。

けんちゃん　え？　誰が運転してんの？

健治　ちょっとな、自分以外の誰かが運転してる乗り物の、助手席か後部座席に自分が座ってるのをイメージしてみ。そん時、誰が運転してる？

けんちゃん　えーと、親とか、先生とか、憧れてる人とかが運転席にいる感じがする。

健治　そうやろ。大体は、自分に影響を与えてる人が運転席に座ってることが多いんや。

例えば夫婦やったら、旦那さんの運転する人生の乗り物の助手席に奥さんが座って、旦那さんのサポートしとんねん。家族やったら、父親が運転席にいて、助手席は母親。子どもは後部座席に座ってるわけや。

けんちゃん うん。なんか、イメージできる。

健治 大切なのはな、奥さんは旦那さんのサポートをするために生まれてきたんちゃうし、子どもは親の期待に応えるために生まれてきたんやないゆうことやねん。

けんちゃん 人のために生まれてきたんやない？

健治 そうや。多くの人が、誰かに影響を受けて、その人の考え方や信念や期待にコントロールされとんのや。つまり、人生の乗り物の運転をその人にお願いして、自分で運転してないっちゅうことなんや。

けんちゃん 自分で運転してなかったら、自分の思った場所に行かれへんやん。

健治 そうなんや。本来、自分の人生の乗り物は、一人に一つ与えられとんねん。

けんちゃん 一人一台？

健治 そうや。一人一台ずつ、自分で乗って自分で運転すんのや。で、人と同じ場所に一緒に行きたい場合は、複数台で同じ場所に行けばええんや。

けんちゃん あ、そうか。他の人と同じ場所に行きたかったら、自分で運転して行けるね。

健治 そうや。そういうのを「共有ビジョン」っていうんや。

けんちゃん 共有ビジョン？

健治 そうや。「共有ビジョン」っちゅうのは、それぞれ自立した者同士が集まって、一緒にあそこ行こうやぁ〜ゆうて、目的地決めんのや。
それが会社やったり、プロジェクトやったりするわけや。夫婦の場合やったら夫婦の共通の夢に一緒に向かうって感じやな。それが「共有ビジョン」や。
大事なんは、自分の人生の行き先は、他人が決めるんやなくて、自分で決めることや。目的地まで自分で運転していくんや。

けんちゃん うん、自分の人生の行き先を自分で決めて、自分で運転して行けばええんやね。

けんちゃんメモ

人生の行き先は自分で決めて、自分で運転して行く。
僕も自分で目的地を決めるようにしてみよ。

28話 受け取ること、与えること

けんちゃん この前な、小笠原くんが学校に宿題のプリント忘れてたから、家近いし、届けてあげたんや。そしたら小笠原くん、なんかふてくされて、ひったくるようにしてプリント受け取ってな、ありがとうの一言もないねん。どう思う?

健治 ほぉ、そんなことがあったんや。君、小笠原くんに、どうして欲しかったん?

けんちゃん 「届けてくれて、ありがとう」くらい言うて欲しかったわ。

健治 君、小笠原くんに親切を与えてあげたと思ってるやろ?

けんちゃん うん、実際そうやし。

健治 でも、小笠原くんは、親切を与えてくれたとは思ってないわけやん?

けんちゃん まあ、そうやな。

健治 小笠原くんは、受け取ることができんかっただけや。

けんちゃん　キャッチボールでいうたら、君がボール投げたけど、小笠原くんはキャッチせずに、クルッと後ろ振り向いて行ってしもた。そんな感じやろ？

健治　うんうん、なんか、そんな感じや。

けんちゃん　受け取られへんっちゅうことは、与えることもできへんいうことなんや。

健治　受け取れないと、与えることができない？

けんちゃん　そうや。この間な、電車乗ってたらな、ちょっとツッパった高校生の男の子が、満員の電車でど〜んと座っとったんや。そこへ、七十歳くらいのおばあちゃんが乗ってきてな。そしたら、そのツッパリの高校生がパッと席立って「どうぞ座って下さい」って、おばあちゃんに席譲ったんや。

健治　おお〜。やるやん。そのツッパリ高校生。

けんちゃん　そうやろ。俺も、「おお〜、ええことしとるやんけ〜！」って見守ってたんや。ほな、そのおばあちゃん「いえ、結構です」って断りよんねん。まぢで、コケそうになったわ。吉本やったら、ここで全員コケる場面や。

健治　えええ〜、おばあちゃん！！！

けんちゃん　んでな、そのツッパリ高校生、顔真っ赤にして下向きながら席に座って、ふてくされた顔しとったんや。今の君みたいにな。

けんちゃん　ちゃうわ！　僕の場合とちゃうやん。

健治　いや、同じことが起こっとんねん。おばあちゃんはツッパリ高校生の行為を、小笠原くんは君の行為を受け取らんかったやろ？

けんちゃん　……うん。

健治　もし、おばあちゃんが「ありがとう」言うて席を譲ってもらってたら、小笠原くんが「おおきに」言うてプリント受け取ってたら、そのツッパリ高校生も君も、やってあげて良かったなぁって、良い氣持ちになるやん。つまり、相手の氣持ちを受け取ることは、相手に氣持ちを与えることと同じやねん。

けんちゃん　そっかぁ！

健治　そうや。
ある高級和菓子屋さんがあってな。その和菓子屋さんは店の前に行列ができるってことで有名なんや。ある日、そのお店の従業員が、社長のところに行って「大変です、社長、店の前の列の中に……」って、叫んだらしいんや。

けんちゃん 何があったん？

健治 社長が、従業員に「どうしたの？」と聞いたら、その従業員が「列の中に浮浪者がいて、他のお客様と一緒に並んでいます」って言うたんや。そしたら、その社長、「何〜！」ゆうて、表にすぐ駆けつけて行ったらしいわ。従業員は「ああ〜、これで浮浪者を追い返してくれる」と思ったらしいわ。

けんちゃん で、どないなったん？

健治 社長は、その浮浪者がたった一個の和菓子を買うのを待って、深々とお辞儀をして、「本当にありがとうございます！」って、その浮浪者にお礼を言うたそうなんや。

それを見た従業員は驚いて、「社長！　普段、お得意様にだって頭下げに来たことなんかないのに、どうして、あの浮浪者に頭下げて、お礼を言ったんですか？」って聞いたんや。

けんちゃん うん、僕も氣になる〜！

健治 そしたら、社長さんは、こう言うたらしいわ。

「あの浮浪者の方は、やっとたまったお金で、うちのお菓子を買いに来てくださった。本当にありがたいお客様です。本当に嬉しいです」

そう言いながら、涙ボロボロこぼして、泣きはったそうや。

そうか、わかった！　社長さんはその浮浪者の人の、やっと買いに来れたって思いをしっかり受け取ったんやね。浮浪者の人も買ってよかったわって嬉しかったやろな。

それが、受け取るということと、与えるということなんやね。

けんちゃん

けんちゃんメモ

受け取ることは与えること。与えることは受け取ること。
僕はどんなことを人に与えられるかなぁ？　そして受け取れるかなぁ？

29話

三方良しの法則

けんちゃん　この前の話で、なんか、和菓子食べたくなったわ。そのお店も、行ってみたいなぁ。

健治　たしかに、行ってみたくなる和菓子屋さんよな。

けんちゃん　君、「売り手良し」「買い手良し」「世間良し」って聞いたことある？ ない。どういう意味なん？

健治　昔から〝三方良し〟言うてな、商売の鉄則みたいなやつや。
売り手良しゅうのは、売る側が相手に売ってお金もらったり、喜んでもらって良かったなぁ言うて、幸せになることや。
買い手良しゅうのは、買った側が、売り手から売ってもらった商品やサービスを利用することによって、より便利になったり、感動したり、悩みを解決したり、お腹いっぱいになったりして、幸せになることや。
世間良しゅうのは、その商売をしていることで稼いだお金の一部を税金として払うことで、みんなが使う公共の道路や、学校の教科書や、医療なんかができて、それで世間や世の中が良くなっていくことや。

けんちゃん じゃ、どれが欠けてても、あかんのやね。

健治 そうや。商売やっても、買う人がおらんかったら、商売成り立たへんやん。

けんちゃん うん。

健治 反対に、買いたくても売ってくれる商売人がおらんかったら買われへんし、経済も回らへんから税金も発生しなくて、世の中も良くはならへんねん。

けんちゃん ほんまやね〜！

健治 せやから、買う側は「売ってくれる人」に感謝して、売る側は「買ってくれる人」に感謝したほうがええな。

けんちゃん うん。ほんとやね。

健治 あと、商売してる側が取引きしてもらっている「業者さん」も売り手になるわけやから感謝したほうがええんやけど、買い手側が売り手側を下に見て、自分たちが買ってあげてるから上やゆうて、上下関係をつけとるところが結構あるんや。

けんちゃん ひどいなぁ。

健治 まあ、取引先に、そういう扱いをしている商売人は嫌われるやん。

けんちゃん 嫌われるやろね。

健治 そんな扱いを受けた人は、その商売人のことを人になんて言うかわかるやろ？

けんちゃん まあ、ええことは言わんな。

健治 そうや。そうやって三方良しを守らんかったら、商売は上手いことといかんようになんねん。三方良しは法則やねん。

けんちゃん 法則？

健治 そうや、法則や。商売が上手くいくかどうかは、この三方良しの法則を守るかどうかが鍵やねん。それはな、昨日話した「受け取ることとは与えること、与えることとは受け取ること」にも通じるんや。

売り手、買い手、両者とも、受け取ることと与えることを繰り返すやん。そして、売り手やった人が買い手になることも、買い手やった人が売り手になることもあるんや。

けんちゃん ん？ でもサラリーマンの人は商売してへんで？

健治 サラリーマンの人は、会社に自分の労働と時間を売ってんねん。で、結果、その会社の商品やサービスを誰かが買うわけやん。これ、立派な売り手なんや。

けんちゃん　ほぉ、なるほど！

健治　この会話も、三方良しやねん。

けんちゃん　え！　この話が？

健治　そうや。俺は君に、この三方良しの話ができて良し。まあ売り手良しや。それで君は、この話を聞いて良し。そう、買い手良しや。それで、この会話を本で読んでる人も良し。世間良しや。

けんちゃん　え！　この会話、本になってんの？

健治　あ……まだ、言うてなかった？　まあ三方良し、ゆうことで！　わはは。

けんちゃん　し、信じられへんわ、ホンマ。

けんちゃんメモ

商売の秘訣は、売る人と、買う人と、世間が、みんな幸せになること。三方良しかぁ。みんなが幸せになったらええなぁ。

30話 出来事の良い面を見る

健治　前に、出来事には意味はない、意味をつけとるのは自分自身やゆう話したの、君、覚えてるか？

けんちゃん　うん、覚えとる。

健治　あの話、もうちょっとしてみよう思うねん。出来事には、見方によって「良い面」と「悪い面」があるんや。覚えてる？

けんちゃん　「良い面」と「悪い面」？　ネガティブとかポジティブとかゆうてたやつ？

健治　そうや。これな、カードの裏表みたいなもんやねん。表には「良い面」、裏には「悪い面」って書いてあって、どちらの側面を見るかによって、「良い面」に見えたり、「悪い面」に見えたりするだけなんや。

けんちゃん　じゃあ、出来事には「良い面」と「悪い面」両方があるっていうこと？

健治　いや、実は、「良い面」も「悪い面」も、あらへんねん。

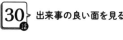

けんちゃん　どっちもないの？

健治　見る人が勝手に「良い面」や「悪い面」っちゅうレッテルを貼って、意味づけしとんねん。

けんちゃん　そんでな、「良い面」を見たら氣分は良くなって、「悪い面」を見たら氣分は悪くなるだけやねん。

健治　どっちの面を見るかを自分で決められるいうこと？

けんちゃん　そうや。

ほんじゃ練習な。例えば、君が病氣になって、入院したとしようや。

入院の「悪い面」て、どんな感じ？

健治　そうやなぁ、なんで病氣になんかなったんやろ、遊びにも行けへんし、学校で友達にも会えへんし、ソフトボールもできへんし、最悪やって感じやなぁ。

けんちゃん　じゃあ「良い面」を見たら？

健治　う〜ん、ゆっくりとこれからのことを考える時間ができるし、健康であることのありがたさや、学校に行けることや、友達に会えることや、ソフトボールができることのありがたさにも氣づけるかなぁ。

健治 そうやなぁ、生きてること自体への感謝も、出てくるかもしれんなぁ。

けんちゃん そうやね〜。

健治 じゃあ、「良い面」と「悪い面」見るの、どっちがいいと思う？

けんちゃん そりゃ、「良い面」。

健治 まあ、そうやわな。でもな、起こる出来事によっては、なかなか「良い面」を見るのが難しいこともあると思うわ。

例えば、相手の不注意で交通事故に巻き込まれたとしたら、その出来事に「良い面」は、なかなか見えんもんやん。

けんちゃん そりゃ、事故に巻き込まれたんやったら、「良い面」なんて、見えないんちゃう？

健治 いや、こういう場合でも「良い面」を見ることはできるんや。

例えば、「これくらいの被害で済んで、本当に良かったなぁ、自分はやっぱり守られてるなぁ」っていう「良い面」を選ぶこともできるやん。

けんちゃん ああ、そうか〜。

健治 さらに、出来事の中の「良い面」を見ることによって、〝今この瞬間〟の自分の氣分が良くなっていくやん？

けんちゃん　そうやね。

健治　その良い氣分っちゅうのは、出来事の中の「良い面」を見ることによって、自分で選ぶことができるっちゅうわけやねん。

何を選んでもええし、出来事には意味もないけど、でもな、その良い氣分が人生をより楽しくしていくわけや。

けんちゃんメモ

出来事の良い面を見て、良い気分になると人生が楽しくなる。
よし、僕も、良い面を見て、気分が良くなるようにしてみよ。

31話 ないことではなく、あることに焦点を当てる

健治　前回は、出来事の「良い面」を選んで見るって話やったけど、今日は「ない」ことに焦点を当てないで、「ある」ことに焦点を当てるっていう話や。

けんちゃん　「ある」ことに焦点を当てる？「ある」ことって？

健治　自分の内側に「ある」ことと、自分の外側に「ある」ことや。

けんちゃん　内側と外側？

健治　そうや。自分の内側に「ある」ものいうのは、自分には、勇氣が「ある」、優しさが「ある」、豊かさが「ある」、愛が「ある」という感じや。

けんちゃん　うん、なるほど。

健治　自分の外側に「ある」ものいうのは、自分には、お金が「ある」、住む家が「ある」、良好な人間関係が「ある」、仕事が「ある」いう感じやな。

けんちゃん　ん？　もし、それらがなくても「ある」ように思い込めってこと？

健治　ちゃうねん。前に話した、相対的な幸せと絶対的な幸せの話にも関連するんやけどな、誰かと比較すると「ない」ことに焦点が当たりやすくなるんや。
例えば、あの人と比べたら、自分にはお金も「ない」、時間も「ない」、大好きなことも「ない」、やりがいのある仕事も「ない」、親友も「ない」、恋人も「ない」って感じにな。

けんちゃん　うん、僕も岡田くんに比べたら、ソフトボールうまく「ない」し、身長も高く「ない」し、学校の勉強もでき「ない」し、家柄も良く「ない」って思うわ。

健治　そうやろ？　せやから、他人との比較をして「ない」に焦点を当てる代わりに、比較対象を全くなくして、ただただ自分の外側と内側には充分に「ある」ということに焦点を当てたらええんや。
それは、「ない」ものを「ある」ように思い込むということでは、決してないんや。そうやって「ある」ことに焦点を当て始めると、他人との比較なんて、本当にどうでもよくなんねん。そうするとな、自分でも氣づかんうちに「絶対的な幸せ」を感じられるようになるはずや。

けんちゃん　うん、わかった。他の人との比較ではなくって、自分の内側と外側に「ある」ことに焦点を当てたらええってことやね。

健治　そうやがな！

けんちゃんメモ

「ない」ことに焦点を当てないで、「ある」ことに焦点を当てる。
「ある」ことに焦点を当てると、絶対的な幸せを感じることができるんやなぁ。
僕には……そうや、優しさや勇気があるな！

32話 思考レベル、感情レベル、魂レベル

健治　お、けんちゃん、何聞いてんの？
けんちゃん　ラジオ。これで、いつも音楽を聞いとんねん。
健治　ちょうどええわ。今日は、発信と受信にはレベルがあるっていう話をしよか。
けんちゃん　うん。どんな話？
健治　何かを発信する時には、三つのレベルがあるんや。
けんちゃん　発信にレベルがあんの？
健治　そうや。発信には、思考レベル、感情レベル、魂レベルの三つの段階があるんや。同じように、受け取る側にも、この三つの受信レベルがあるんや。
けんちゃん　ふーん、どっちも、三つに分かれるんやね。
健治　例えば、この三つのレベルを歌でゆうてみるとな。
第一の思考レベルは、「この歌の歌詞には、こんな意味があるんやなぁ」とか、「メ

ロディがきれいやなぁ」とか、「歌上手いなぁ」とかの考えが浮かんでくる歌や。第二の感情レベルは、聴いてて悲しい氣持ちになるとか、ワクワクする氣持ちになるとか、感情が変化するレベルや。第三の魂レベルは、例えば外国語の歌詞で、意味はわからなくても、魂が震えるくらいの感動を覚える歌や。このレベルは自分がなぜ魂が震えるくらい感動してるのか、わからんレベルやねん。

けんちゃん ラジオから流れてきた英語の歌を聴いた僕が、訳もわからず涙が込み上げてきたあの歌は、魂レベルの歌やったんやね。

健治 俺らにとっては魂レベルの歌や。でも、同じ曲を違う人が聴いたら、人によっては感情レベルで聴いたり、思考レベルで聴いたりするはずやねん。

けんちゃん それは、何が違うん？

健治 アンテナの種類がちゃうねん。

けんちゃん アンテナの種類？

健治 例えば絵画でもそうなんやけど、魂レベルで描かれた絵が目の前にあったとするわ。でも、見る人が魂レベルの感受性アンテナを持ってなくて、思考レベルの感受性アンテナしか持ってなかったとしたら、その魂レベルの作品は、その人にとっては思考レベルの作品になるっちゅうことやねん。

けんちゃん 受信できる感受性アンテナが、立ってないゆうこと？

健治 そうや。せやからな、感受性のアンテナっちゅうのは、普段から磨いとかなあかんねん。この感受性のアンテナレベルが低いままやと、ホンモノを見抜く力は身につかへんし、人生、楽しめないことになるからな。

けんちゃん その感受性のアンテナってどうやって磨くの？

健治 まず、喜怒哀楽を自由に感じることが大事や。喜んだり、怒ったり、哀しんだり、楽しんだり、感情を思いっきり感じられるようになるんが、最初の段階や。

けんちゃん 感情を感じることが最初なんやね。で、次は？

健治 次は、その喜怒哀楽を大げさに表現してみんねん。まるで役者のように。

けんちゃん 面白そう！

健治 あんまし、人の迷惑にならんところでやりな。

けんちゃん うん。

健治　最後は、「静寂の中で、本当の自分とつながる」ゆう訓練をしたらええねん。これが一番、難易度高いけどな。

けんちゃん　そうしていくと、感受性のアンテナが、どんどん鋭い感度になっていくんやね。

健治　そうや。一流のアーティストや職人なんかは、必ず、この感受性のアンテナを磨いとんねん。せやから魂が震えるほどの作品が発信できるわけや。

けんちゃん　感情があんまし感じられへんとか、表現できへん人は、どうしたらええの？

健治　お、君、ええ質問するようになってきたやないか。
普段の生活で喜怒哀楽を感じることが苦手な人は、わざわざ極端に喜怒哀楽を感じる環境をつくったらええねん。

けんちゃん　環境をつくるの？

健治　例えば、「今日は、怒りと悲しみを極端に味わいたい」としたら、それが感じられる映画やDVD、本や音楽や演劇なんかを観たり、読んだり、聞いたりして、思いっきり、怒ったり悲しんだりしてみんねん。
喜びや楽しさなんかは、遊園地とか楽しいところに行って、思いっきり楽しむことをやってみるわけや。

けんちゃん　ああ、確かに、そうすれば普段感じられない感情が、感じやすくなるね。

けんちゃんメモ

発信側にも受信側にも、思考・感情・魂の三つのレベルがある。僕は高いレベルで発信や受信ができるようになるかなぁ……。

33話 お金は信用が形を変えたもの

健治　今日は、お金についての話や。
けんちゃん　お金、興味ある！
健治　お金って、実体がないって君、知ってた？
けんちゃん　ん？　何言うてんの？　ほら、これ。

——そう言って、けんちゃんはボロボロの財布から、十円玉を取り出して見せた。

健治　その十円玉って金属やん？
けんちゃん　うん。

——健治も、財布からピン札の一万円札を取り出した。

健治　この一万円札は、紙やん。

けんちゃん　うわぁ、何この一万円札！　聖徳太子とちゃうやん。ニセモンやん。

健治　これは、俺の時代のホンモノの一万円札なんや。でも、この一万円札を君の時代に駄菓子屋さんに持って行ったら、これなんや？って笑われるやろな。

けんちゃん　そりゃ、未来のお札なんか誰も見たことないから、存在しないのと同じじゃん。

健治　そこやねん。つまり、お金っちゅうのは、一万円なら一万円の、十円なら十円の価値があるということを全員で信じてるから価値があるもんになってんねん。

けんちゃん　ん？　なんや、ようわからん。

健治　お金という、この紙自体に、この金属の丸いやつ自体に、価値があるわけちゃうねん。書いてある金額と同じ金額の物やサービスと交換できることを保証しましょうと決めて、みんながそれを信じてるから、価値があるとされてるだけやねん。

けんちゃん　ふ～ん、そうなんや。

健治　例えば、ジンバブエいう国で起こることなんやけどな、ハイパーインフレっちゅうのが起こって、物価がめちゃくちゃ上がりよったんや。
物の値段が上がるっちゅうことは、今まで持ってたお金の価値が減っていくわけ

けんちゃん　や。パン一斤が百億ジンバブエドルで売ってたこともあるんや。日本のお金の感覚でゆうと、たったパン一斤が三千万円くらいのイメージやな。

健治　さ、三千万円？　家、買えるやん。

けんちゃん　そうや。今まで一生懸命貯めてたお金は、紙くず同然になったんや。こうなったらどう？　みんな、お金を信用しなくなるやろ？

健治　うん、絶対に信用なんか、しないようになるわ！

けんちゃん　ジンバブエドルは誰も信じなくなったけど、この信用度が通貨によってちゃうわけや。日本でも、昭和二十一年にハイパーインフレが起こったことがあって、預金の封鎖もされたことがあったからなぁ。

健治　日本でも？

けんちゃん　そうやねん。お金の価値は、信用で変化するんや。つまり、お金に実体はないってことやねん。

健治　ええ〜。なんか、ショックやなぁ。

けんちゃんメモ

パン一斤が三千万円……。それは困るわ。みんなが信じてるから、お金に価値があることになってるけど、実体はないのかぁ。この十円玉って……お金って、なんなんやろ?

34話

お金の本質

健治　前回は、お金は使う人全員が信用しているから価値があるゆう話やったけど、今日は、お金の本質についての話や。

けんちゃん　お金の本質？

健治　前回も話したけど、お金の価値って「紙」でもなく「金属」でもないわけやん？

けんちゃん　うん、そう言うてたね。じゃ、いったいお金の正体ってなんなん？

健治　いきなり、ストレートに聞くなぁ～、君。

お金の本質は、エネルギーやねん。

けんちゃん　エネルギー？

健治　そうや。エネルギーの交換が、お金の本質や。

けんちゃん　もうちょい、わかりやすく説明して。

健治　せやなぁ、例えば、歌を歌ってる人で考えてみよか。

けんちゃん　うん。

健治　よく、駅前とかでギター一本で歌ってるやつおるやん。そいつが歌を通じて発信してるエネルギーは、その場で聴いている人にしか伝わらんやん。

けんちゃん　ま、そうやね。

健治　ちゅうことは、ごく一部の人にしかエネルギーは伝わらんから、ギターケースの中に小銭がちょっとたまるくらいのお金しか集まらんねん。その規模が大きくなって、「武道館」で同じことをやったとするわ。大体、一万人くらいかな。そうすると、駅前よりはお金は集まるようになるわな。

けんちゃん　そうやけど、誰もが武道館でコンサートできるわけやないやん。

健治　そうやねん。その人から歌をとおして発信されるエネルギーが強くなければ、それだけの人を集めることはできへんねん。

けんちゃん　エネルギーの強さ？

健治　発信されるエネルギーが弱いと、多くの人に届かへんねん。反対に発信されるエネルギーが強いと、多くの人にエネルギーが伝わるんや。声にエネルギー乗せるって話覚えてる？　そこでもちょっとゆうたけど、エネルギーって自分から出てる電波みたいなもんで、エネルギーには発信してる人の考え方や感情なんかが乗っかってんねん。それが駅前止まりの人や、町内止まりの人、市、県、日本全国、世界と、その人が出しているエネルギーで届く範囲が変わってくるんや。

けんちゃん なるほどぉ。町内放送とテレビの全国放送の違いみたいやね。

健治 オモロいこと言うなぁ。まさにそんな感じや。ま、どれくらいの人にエネルギーが届くかは「エネルギーの量」やな。

あとな、「エネルギーの質」いうのがあるんや。

けんちゃん エネルギーの質？

健治 そうなんや。例えば、同じ石でも、そのへんに転がっている大きい石ころと、君の小指の先くらいの小さいダイヤモンドを並べてみて、どっちが欲しい？って女の人に聞いたら、ほぼ一〇〇％ダイヤモンドって答えるやろ？

けんちゃん そりゃ、そうやわ。

健治 それが、質の違いや。石と同じように、エネルギーにも質の違いがあんねん。例えばここに、材質とか、つくり方やデザインが、完全に全く同じ腕時計があったとするわ。片方には「ロレックス」って書いてあって、保証書までついとる。もう片方は聞いたこともないような名前で、保証書もついてない。どっちが高く売れる？

けんちゃん　ロレックスって、なんか聞いたことあるわ。ロレックスのほうが高く売れる？

健治　正解。ロレックスは高級時計のブランドや。これ、面白いんや。名前が違うのと、保証書がついていないだけで、全く同じ時計やのに、価格差が数十倍以上ついてもおかしないいんやからな。

けんちゃん　ホンマやね。冷静になって考えてみると、名前を知らない時計でもいいのに。

健治　これが人間の心理やねん。ブランドっちゅうのは多くの人が信頼しとるやん。つまり、ブランドが何を売ってるかゆうたら「信用」と「感情」やねん。

けんちゃん　「信用」と「感情」を売ってる？

健治　そうや。多くの人がそのブランド名を見て「信用」し、それを持っている人は、身につけていることで得られる、優越感のような「感情」を得られると信じ込んでるわけや。

けんちゃん 特に、この優越感のような「感情」というのは、高いお金を払っても交換したいエネルギーやねん。

健治 エネルギーって感情のことなん？

けんちゃん いや、手に入れたい感情というエネルギーがあるだけやねん。もちろん、お金と交換するのは、手に入れたい感情だけやないけどな、わかりやすいのはそうや。例えば、高級レストランで三万円のディナー食べるのと、いつもの定食屋さんで三五〇円の夕食を食べるんでは、得られる感情が違うやろ？
飛行機に乗るのも、座席が広くて値段の高いファーストクラス席に乗るのと、いわゆる一般席のエコノミー席に乗るのでは、得られる感情は違ってくるんや。

健治 うんうん、ほんとやね。

けんちゃん これが、人間が信じてるエネルギーの質の違いや。
ビジネスをしている人は、この「信用」と「質」を良くしようと努力してるわけや。それが「ブランド」や。
でもな、よく考えてみたら、三万円のディナーも、三五〇円の定食も、夕食に変わりないし、そない栄養が違うわけでもないと思うし、飛行機も、ファーストクラス乗ったからって、先に目的地に着くわけでもないわけやん。違いがあるとしたら、他人との比較や、過去との比較での違いだけや。

けんちゃん　そうやね。

健治　実は、このお金自体と交換してるエネルギーというのは、人間がつくり出した幻想やねん。存在してないモノをみんなが信じてるから存在するように見えるわけやねん。

けんちゃん　存在してないモノをみんなが信じてる……。なんか考えさせられるね。

けんちゃんメモ

お金の本質はエネルギー。人は、どうやらエネルギーの交換をしているらしい。人は実体のないモノを交換してるんやなぁ。エネルギーって目に見えへんし。

35話 氣を意識する

健治　クラスの中で、元氣な人って、誰を思い浮かべる？

けんちゃん　佐野くんが、元氣やなぁ。

健治　佐野くんの、どんなところが元氣やと感じるん？

けんちゃん　そうやなぁ、佐野くん、休み時間になると、必ず外に飛び出してドッジボールをやってるんやけど、その時の声がめっちゃ大きいんや。動きも素早いし。そんなところが元氣やと感じるなぁ。

健治　元氣って、元の氣って書くやろ？

――そう言って、健治は紙に「元氣」と書いた。

健治　元氣っていうのは、元の氣に戻るってことやねん。

元々人は元氣なんやけど、その元の氣が乱れると、病氣になったり、弱氣になったり、陰氣になったりすんねん。つまり、その人のエネルギーの状態のことを「氣」って言葉で表しとんねん。

ちなみに氣っていう漢字にも意味があんねん。一般的に使われてる「気」という漢字やと中の文字が〆になっとるやろ。〆は閉じ込めるって意味やから、エネルギーを閉じ込めてしまうんや。それに比べ、「氣」の漢字の中の文字は米になっとるやろ。この米の文字にはエネルギーを八方に放つという意味があるんや。

けんちゃん なるほどぉ。だから「氣」って書くんやね。「氣」ってエネルギーの状態のことなんやぁ。

健治 やる氣になるとか、本氣になるとかも、エネルギーの状態のことを言うとんのや。

けんちゃん 他に、どんな「氣」があるの?

健治 「氣」のつく言葉は結構多いんや。例えば、運氣、強氣、勇氣、根氣、活氣、陽氣、のん氣、短氣、無邪氣、邪氣、人氣、氣持ち、氣遣い、なんかがあるな。

けんちゃん うわぁ、結構「氣」のつく言葉ってあるもんやね〜。

健治 氣づいた? 「氣」のつく言葉だけに。

けんちゃん ……。

健治 冗談はさておき、自分がどんな「氣」の状態なのか、そして人間関係の中で相手がどんな「氣」の状態になってるのかに「氣づく」ことは、めっちゃ大切なことや。

けんちゃん 僕も「氣づく」ようになりたい。

健治 そしたら、まずは、目の前の人や状況に対して「氣配り」をしていけばええんや。

けんちゃん 氣配り？

健治 そうや。「氣配り」いうのは、自分の「氣」を人や状況に向けるんや。そうやって「氣」を人や状況に向けた時に「氣づく」ことが起こるんや。「氣配り」ができんかったら、なかなか「氣づく」人にはなられへんもんなんや。

けんちゃんメモ

氣はエネルギーの状態のこと。
僕も、氣を意識するようにしてみよ。

36話 美味しいものを食べるのと美味しく食べるの違い

健治　よっしゃ、今日は、何か美味いもん、食いに行こか。何食いたい？

けんちゃん　うなぎ！

——けんちゃんが住んでいる三重県津市は、うなぎの消費量日本一で、ものすごい数のうなぎ屋さんが街に点在している。

健治　よっしゃ、ほな「はし屋」に行こか。

——健治は店に入って、けんちゃんの大好物、特上うな丼と肝吸いを二人前頼んだ。歳を重ねても、いまだに、うなぎの好みは変わらない。

けんちゃん やっぱ最高やな「はし屋」のうなぎは！

健治 決まっとるやんけ！　うなぎいうたら「はし屋」や。「新玉亭」も美味いけど、俺らは、死ぬまで「はし屋」や！

けんちゃん 大げさやなぁ。

健治 今日は、俺らの好物のうなぎを食いに来たやん。つまり、俺たちにとっての「美味いもの」を食いに来たわけや。

けんちゃん うん、このタレがメチャ美味いわ！

健治 このうなぎをさぁ、「美味しく食べる」のは当たり前やん。だって美味しいに決まってるからな。

けんちゃん ところで、学校の給食ってどう？　美味しく食べてる？

健治 せやなぁ、揚げパンとカレーは美味しいと思うけど、他のは美味しくはないなぁ。

けんちゃん 「美味しいものを食べる」のと、「美味しく食べる」のは、似てるけど全然ちゃうのわかる？

健治 ん？　同じように聞こえるけど……？

けんちゃん 「美味しいものを食べる」ゆうのは、美味しいものがないと絶対成り立たへんやん。

せやけど「美味しく食べる」のは、美味しいものがなくても、学校の給食でも、自分の意識次第で「美味しく食べる」ことはできるやん。わかる?

けんちゃん　う〜ん……まぁ、がんばったら、できんこともないかなぁ。

健治　これな、仕事とか、他のことでも、同じこと言えんねん。仕事の場合やったら、「楽しい仕事をする」のと「楽しく仕事をする」の違いや。

けんちゃん　ああ〜、わかった！「楽しい仕事をする」やと、自分にとって楽しい仕事がなければ成り立たへんけど、どんな仕事であっても「楽しく仕事をする」のは、自分が決められるね！

健治　ええ感じに氣がつくやんけ〜。さすが昔の俺や。
もし自由に選択できるのであれば、「美味しいもの」を食べたらええし、「楽しい仕事」を選べばええねん。

けんちゃん　選べる場合は、そうやね。

健治　でもな、自分が自由に選択できへんようなことって、世の中にたくさんあるんや。学校の給食みたいにな。
この話で伝えたい大事なことはな、その給食をホンマに「美味しく食べる」ことを習慣づけるんや。会社に就職しても、与えられた仕事をホンマに「楽しく仕事をする」ようにしてみんのや。

つまりは不平不満がない状態をつくり出すいうこっちゃ。選択の自由がない場合はその環境を楽しみ、選択の自由がある場合は楽しめる環境に変えたらええんや。

健治
不平不満を感じて生きると、どうなるの？

けんちゃん
世の中の便利なモノは、誰かが「不平不満」を感じて、もっと便利に、もっと快適に、というように「不平不満」が原動力になってる場合が多いから、「不平不満」自体が悪いわけやないねん。

でも、個人の幸せという側面で考えると、「不平不満」を「感謝」に変えていったほうが、何十倍、いや何百倍も、幸せを感じる人生になんねん。

けんちゃんメモ

不平不満を「楽しさ」や「感謝」に変えていくと良いらしい。
僕も感謝できる人になれたらええなぁ。

37話 おばけは見えないから怖い

健治　けんちゃん見てて思い出したんやけど、君は夜寝る時、電氣つけて寝てるなぁ。

けんちゃん　僕、暗いとこあかんねん。何も見えへんから怖いねん。一人やし。

健治　ちょうどええわ、今日は、人間の恐れの話しよか。怖いもんの話や。

けんちゃん　おじさんも、怖い時あるん？　どんな時？

健治　そうやなぁ、例えば新しいことにチャレンジする時、この先はどうなるんやろ？　というような恐れを感じることがあるなぁ。

けんちゃん　おじさんも、一応、感じるんやね。

健治　当たり前やろ！　生きてたら、どんな人にも多かれ少なかれ、「恐れ」いうのは、必ずあるもんや。

けんちゃん　どうして、みんな恐れるの？

健治　それはな、見えへんからやねん。

けんちゃん 見えへんから？

健治 おばけって、見えへんから怖いねん。

けんちゃん 見えたら、もっと怖いんちゃう？

健治 君、おばけ見たことあんの？

けんちゃん ない……。

健治 そうやろ。人生のほとんどの「恐れ」は、おばけみたいなもんやねん。まだ「起こってもいないこと」に、人は「恐れ」を感じるんや。

けんちゃん 「起こってもいないこと」に「恐れ」を感じる……？

健治 俺の場合は、君に話しているようなことを人前で話したり、自分のオリジナル曲を人前で歌ったりするような新しいチャレンジをして、人から「くだらない話だ」とか「退屈な歌だ」とか評価されるんやないかということに「恐れ」を感じてたんや。

でも、実際に人前で話したり歌ったりしてみた時に、はじめて、その恐れは、自分が勝手につくった「幻想」やったっていうことがわかったんや。

けんちゃん 恐れって、自分で勝手につくってるだけなん？

健治　そうやねん。大事なんは、自分は、本当は何に「恐れ」ているんだろう?って、「恐れ」の本当の原因をちゃんと見ることや。

けんちゃん　恐れの本当の原因?

健治　そうや。「恐れ」の本当の原因がわからんかったら、見えないおばけと同じように「恐れ」はなくならんねん。
せやから、この「恐れ」は、いったいどこから来ているんだろうか?って「恐れ」を直視する必要があんねん。
そうすると、見えないおばけの正体が暴かれて、あ〜、なんだ!　恐れの正体はこれやったんか!となるわけや。

けんちゃんメモ

恐れの本当の原因を見るようにしてみると、恐れの正体が暴かれる。
僕の怖いことの本当の原因ってなんやろ?

38話 人間の欲求の種類を知っておく

健治 今日はな、人生の秘訣ともいうべき、とっておきの話やで。

けんちゃん とっておき？　どんな話？

健治 人間の基本的な欲求の話や。どんな人にも、欲求っちゅうのが必ずあるいうのは、みんなが知ってることや。せやけど、欲求の種類がどれだけあって、それはどういう種類の欲求かいうのを知ってる人は少ないんや。

けんちゃん へぇ。欲求の種類って、どんなんがあんの？

健治 まずは、「安心したい」という欲求や。
例えば、多くの人が万が一の時に備えて保険に入るのも、いざという時に保険に入っておけば大丈夫という「安心したい」欲求があるからや。絶対に火事にならんのやったら火災保険は入らなくてもいいし、絶対に病氣にならへんてわかってたら医療保険なんて誰も入らへんやん。

けんちゃん せやなぁ。火事はひょっとしたら起こるかもしれんし、病気になって入院することもないとは限らんから、みんな、万が一の時のために保険に入るんやね。

健治 そうやな。

けんちゃん でな、その根本にあるのは、この前話した「恐れ」やねん。

健治 恐れ？

けんちゃん そうや。もし火事になって、家がなくなって、家具とか服とか、全部なくなったらどうしようという「恐れ」だったり、もしガンになって高額な医療費を払わなあかんようになったらどうしようという「恐れ」が根本にあんねん。
もし火事になっても、無償で元どおりの家や家具や服や持ち物が用意されるのであれば、もしガンになったとしても、高額な医療費が完全に無料だったら、恐れる必要ってないわけやん？　せやから「安心したい」という欲求は、「恐れ」を取り除いてあげることで解消できるわけや。
人の「恐れ」を取り除いてあげることができるんやったら、それは「安心」を売るビジネスになるんや。

健治 なるほどね。「安心」を売るビジネスかぁ。

健治 次は「安定」の欲求や。よく母ちゃんが「公務員になりや、安定するから」言うてたわ。俺らの親戚のおばちゃんやおじちゃんのほとんどが「学校の先生」や「郵便局の局員」やったやろ？ 公務員ゆうのは景氣に左右されることもなく、つぶれることもないし、給与や退職金や待遇が「安定」しとんのや。母ちゃんは一品料理屋をしてたから、儲かる時もあったし損した時もあって、収入が「安定」してなかったから、俺らにそう言うたんやと思うわ。まあ、結局、守らんかったけどな。

けんちゃん 収入が「安定」せえへんかったら、生活も「安定」せえへんなぁ。

健治 そうや。だから「安定」を求める人は、いい学校に入りたがるし、安定した企業に就職したがるし、安定した収入を得たがるもんやねん。

その対極にある欲求が「変化」の欲求や。

けんちゃん 変化の欲求？

健治 「変化」の欲求いうのは、「安定」に飽きた時にやってくんねん。何も変化が起こらない「安定」した人生を過ごしてると、退屈してくるやん。そこで、人は「変化」を求めるわけや。例えば、旅行に行ったり、映画を見たり、遊園地に行ったり、おばけ屋敷に行ったり、お祭りに行ったりすんのは、全部「変化」の欲求があるからや。

けんちゃん あ、そうかぁ！　じゃあ「変化」の欲求を満たしてあげることができたら、それもビジネスになるね。

健治 君、なかなかビジネスセンスあるな。次は「自己重要感」の欲求や。

けんちゃん 自己重要感の欲求って、どんなん？

健治 まあ、簡単に言うと「大切に扱われたい」とか、「特別な人でいたい」とか、「自分の価値を認めて欲しい」とか、そんな欲求や。

けんちゃん 自己重要感も、ビジネスになんの？

健治 なるなる！　え〜と、例えばそうやなぁ、ホテルのスイートルームとか、飛行機のファーストクラスとか、ブランド物の時計とかバック、高級なスポーツカーとか、数えきれんほど、「自己重要感」を売ってるビジネスは存在するんや。

けんちゃん うわぁ、なんかすごいなぁ。商売って、人の欲求を満たすもんなんやなぁ。

健治 そのとおりや。次は「つながり」の欲求や。「つながり」が欲しいのは、人間の

けんちゃん 根元に「孤独」っちゅうのがあるからや。君も、十歳で一人暮らしをしてる今、めっちゃ「孤独」を感じる時、あるやろ。

健治 うん。夜とかは、ひとりぼっちで、めっちゃ孤独で寂しい時、しょっちゅうある。

けんちゃん 「つながり」の欲求は、家族や恋人と時間を過ごす時や、友人と時間を過ごす時なんかに満たされるんや。

健治 じゃあ、僕の場合、学校では友達と「つながり」の欲求は満たせるけど、一人の家に帰ってきたら「つながり」の欲求は満たせなくなるんやね。

けんちゃん 俺らの時代になるとな、「孤独死」ゆうのが問題視されるようになんねん。

健治 孤独死？

けんちゃん 高齢化が進んでな、老人が一人きりで生活するような時代が来んねん。その孤独を何かで解消しようと、会話ができるロボットが開発されたりしてんねん。

健治 ロボットが話すの？　SF漫画みたいやなぁ。

けんちゃん テレビとかラジオも一種の「つながり」を感じさせてくれるけど、一方通行の放送やから、こちらからは何も伝えることはできへんやん？　そこで、双方向のコミュニケーションの道具ができるようになったんや。それがSNSって呼ばれてる道具や。自分が書いた文章や、自分が撮った写真なんかを、不特定多数の人や限定した人に公開して、それを見た人は自由にコメントを書いたりできるようになんねん。このツールができたおかげで、多くの人が「孤独」から解放されて、「つながり」を感じられるようになったんや。

けんちゃん すごいな。そのエスエヌエスっていう道具。

健治 次は「成長」の欲求や。君、そろばん、今、何級？

けんちゃん 今、五級。

健治 六級から五級になった時、嬉しかったやろ？

けんちゃん うん、もちろん！

健治 何かの講座を受けて「資格」を取得したり、本を読んで「知識」を吸収したりするのは、昨日より今日は成長したい、今日より明日は成長していたい、という欲求の表れなんや。

もちろん、精神や、感性の成長なんかも、人間の成長の一部や。

けんちゃん 他にもあるの？

健治 最後は「貢献」の欲求や。人のために、社会のために役立ちたいという欲求や。

けんちゃん この欲求が満たされると、他の「安心」「安定」「変化」「自己重要感」「つながり」「成長」の欲求のほとんどが満たされるんや。

健治 へぇ〜。すごいやん。じゃあ「貢献」の欲求を先に満たせばええの？

けんちゃん まあ、そうゆうこっちゃ。「貢献」がなぜ、他の欲求までを満たすのかってゆうとな、他の「安心」「安定」「変化」「自己重要感」「つながり」「成長」の欲求ゆうのは、自分のことやねん。つまり「自分の安心」「自分の安定」「自分の変化」「自己重要感」「自分と他者とのつながり」「自分の成長」って、自分のことばかりやろ？

健治 あ、ほんまや！

けんちゃん で、貢献だけが、「他者への貢献」やねん。与えることとは、受け取ることとや。本当に自分の欲求を満たしたかったら、「他者の安心」、「他者の安定」、「他者の変化」、「他者の自己重要感」、「他者のつながり」、「他者の成長」の欲求を満たしてあげる「貢献」をしていけばええんや。

健治 な、なんか、すごい秘密、聞いちゃった氣がする。

健治　そのとおりや。これが人生の秘訣や。

けんちゃんメモ

人の欲求には「安心」「安定」「変化」「自己重要感」「つながり」「成長」「貢献」がある。
人生の秘訣は、人に貢献することなんやなぁ。

参考文献　ピーター・セージ著『自分を超える法』ダイヤモンド社

39話 因・縁・果の法則を知る

けんちゃん この間、ラジオ聞いてたら、「ニュートンは、りんごの木からりんごが落ちるのを見て、万有引力ゆうのを思いついた」って言うてたけど、万有引力って発明みたいなもんなん?

健治 ちゃうちゃう、万有引力ゆうのは、元々宇宙に存在している法則のことやねん。ニュートンは、万有引力を発明したんやなくて、発見したんや。

けんちゃん 元々存在している法則?

健治 そうや。万有引力は「因・縁・果の法則」の法則の一部なんや。因は「原因」、縁は「出来事」、果は「結果」や。

けんちゃん 原因と、出来事と、結果?

健治 万有引力という「原因」があって、りんごが木の枝から外れるという「出来事」があって、はじめてりんごが地面に落ちるという「結果」が生み出されるんや。

つまり、万有引力という「原因」がなかったら、地面にりんごが落ちるという「結果」は生み出されへんのや。

けんちゃん 「原因」がなかったら「結果」は起こらない？

健治 ビンゴ！　それとな、「因」があっても「縁」がなかったら「果」はないんや。作物で考えてみよか。ここに一粒の種がある。これが「因」や。それを畑にまいて、水や土の栄養分や日光や氣温が、種を育てるのにふさわしい環境になる。これが「縁」や。

「因」と「縁」、この二つがそろって、作物が育つという「果」になるんや。

けんちゃん なるほどぉ、人間に当てはめると、どんな「因・縁・果」があるの？

健治 せやなぁ、例えば感情のことで話すとな、自分の中に怒りという「因」があって、人と話をしていて相手が自分を中傷してきたという「縁」があって、怒りの感情が出てくるという「果」があるんや。

怒りという感情の「因」があったとしても、感情が出てくるための「縁」がなかったら、怒りの感情が出てくるという「果」にはならんのや。

それと、先に「果」を決めると、「縁」は、その「果」を得るために不思議な偶然を起こす作用があんねん。それが、前に話したことのある「シンクロニシティ」いうやつやねん。

けんちゃん 先に「果」を決めてええんやね。

健治 そうや。例えば、歌手になるっていう「果」を先に決めんねん。それから、どういう行動をしていけばいいかを考えて行動するんや。それが「縁」や。それがあって、自分の中の「才能」という「因」が、芽を出すんや。

けんちゃんメモ

すべてに因・縁・果の法則が働いている。
僕は、どんな果が得たいんだろう？　考えてみよ。

40話 幸せは伝染する

健治　君、最近は、どんな時に幸せを感じる？

けんちゃん　友達と遊んでる時。

健治　遊んでる時、友達は、どんな顔してる？

けんちゃん　みんな、笑っとる。

健治　もし、みんなが険しい表情や、怒った声出してたら、君も楽しくないやろ？

けんちゃん　そりゃ、ええ感じせんわぁ。

健治　そうやわなぁ。
人は、人にいろんな影響を与えとるんや。
毎日怒鳴りちらしていたら、まわりにいる人は、今日も怒鳴られるんじゃないかとビクビクするし、毎日ニコニコしてたら、まわりの人もニコニコなるやん。

けんちゃん　学校に、いつも怒鳴ってる体育の先生おるわ！　あと、いつもニコニコしてる音楽の先生も。

健治 その人が出しているエネルギーが、周辺の人たちに伝染すんねん。

けんちゃん 伝染って、病氣みたいやな。

健治 伝染って、何も悪いことだけ伝染するわけやないねん。幸せも伝染すんねん。俺らな、将来、結婚式の写真を撮る会社を経営するようになるんや。もちろん、俺らもウエディングフォトグラファーとして、現場で撮影するようになるんや。結婚式いうのは、人生の中でも特別に幸せな日やと思うわ。その幸せが、参加者のみんなに伝染すんねん。結婚式が〝幸せのおすそ分け〟とか言われるのは、幸せが伝染して、その空間にいる人まで影響を受けるからやねん。

けんちゃん ええ伝染やね。

健治 ニコニコしてる人のまわりにはニコニコした人が、険しい顔をしている人のまわりには険しい顔の人が、伝染してどんどん増えてくんねん。

けんちゃん その人が、どんなエネルギーを出してるかによるんやね。

健治 そうや。幸せな人のまわりには幸せが伝染して、幸せな人がどんどん増えていくんや。

けんちゃん　それがええね！

けんちゃんメモ

幸せは伝染するらしい。
僕も、幸せのエネルギーを出せるようになりたいなぁ。

41話 迷ったら怖い方を選ぶ

けんちゃん おじさんは、未来の僕や言うて、未来の僕のこと、ちょくちょく教えてくれるやん？

健治 うん。

けんちゃん でもな、僕は将来のこと、やっぱり心配や。未来は自分で選べるってことを教えてもらったんやけど、未来を選ぶ時、間違わんように選べるやろか？ 僕。

健治 君が言うように、確かに、人生は選択の連続で成り立ってるわな。
これから君は、ほんまに数え切れんほどの選択をするようになるわ。
どの中学校に行くか？ 高校や大学はどこにするか？ あるいは行かないという選択をするのか？ 就職をするのか？ 自分で事業を起こすのか？ フリーランスになるのか？
ともかく人生の旅路でいくつもの別れ道が出てきて、さぁ、どっちの道を進む？

という選択の場面に向き合うことになるんや。

けんちゃん　どっちの道を進む？っていう時に、正しい選び方ってあるんかなぁ？

健治　人生の選択に正しい、間違いはあらへんのや。

例えば君がいつもの食堂で支払いを「ツケ」で食べる時、さぁ今日はカツ丼にするか、鍋焼きうどんにするかで迷ってて、カツ丼に決めたとするわ。

けんちゃん　な、なんや、そのたとえ。

健治　カツ丼に決めることって、正しい、間違いって、ある？

けんちゃん　食べ物を決めるのに正しい、間違いって、あるわけないやん。氣軽に選べるし、そんな、どっちでもいいような選択では迷わんわ。

健治　食べ物を決める選択は迷わんけど、人生を決める選択は迷う、ちゅうことやな。

でもな、夕飯をカツ丼に決めるくらいの感覚で、人生の選択をしてるやつって結構おるんや。

君、いつもの店のカツ丼も鍋焼きうどんも何回か食べてるから、食べる前から、どんな見た目なんか、どんな味なんか、想像できるやろ？

けんちゃん　うん、もう何回も食べてるから。

健治 じゃあ、いつもの食堂に、もし「フォアグラのキャビアのせ定食」いうメニューができて、カツ丼とどっちにするか?やったら、迷わんか?

けんちゃん そんな食べ物の名前、聞いたことないし、見たこともあらへんから、選ばんと思う。やっぱり、食べたことあるカツ丼か鍋焼きうどんを選ぶと思うわ。

健治 それな、人生の選択も似たようなもんやねん。

普通の人たちの多くは、「想像できるような人生」を選択しとんのや。

けんちゃん 想像できるような人生?

健治 そうや。反対に「全く想像できない人生」って、どう感じる?

けんちゃん うわぁ、めっちゃ怖い。

健治 人生ではじめて食べる「フォアグラのキャビアのせ定食」は、食べてみるまで、どんな見た目なんか、どんな味なんか、わからんやん。せやけど、食べてみたら新しい人生の経験になるやん。

けんちゃん うん、そう考えると、世界中の、まだ食べたことない食べ物って、めちゃくちゃあるなぁ。もし、毎食はじめての食べ物を食べることができたら、すごい経験になるね。

健治　「想像できるような人生」を選択した場合は、安定や安心が得られるんや。「全く想像できない人生」を選択した場合は、最初は恐怖に襲われるけど、おばけと一緒で、見えへんから怖いだけやねん。選んだ後は、やっぱり選んどいて良かった！って、みんな口をそろえて言うんや。
たとえ、その選んだ道が、いばらの道やったとしても、選んだことに後悔はせんのや。反対に、選ばんかった後悔は、ずっと残るんや。

けんちゃん　僕、後悔したくない。

健治　そしたらな、人生の選択の場面がきた時に、「どっちがワクワクする？」「どっちが怖い？」って、自分に聞くとええんや。

けんちゃん　わかった！「ワクワク」するほうか、「怖い」ほうを選ぶんやね。

けんちゃんメモ

人生の選択は、ワクワクするほうか怖いほうを選ぶ。
なんか、ワクワクと怖いほうばかり選んでたら、すごい人生になりそうやなぁ。

42話 最初は自分のため、いずれは人のため

けんちゃん　前に、他者の欲求を満たしてあげる「貢献」をしていくのが人生の秘訣って教えてくれたけど、氣がついたら、やっぱり自分の欲求を満たすことを優先してんねん、僕。どうしたらええんやろ？

健治　それでええんや。

けんちゃん　ええの？

健治　自分の欲求を満たすっていうのは、めっちゃ大切なことなんや。まずは自分の欲求が満たされて、はじめて人にも貢献できるようになるんや。
例えば食べ物でも、自分自身が食べる分が足りんかったら、人に分かち合うことなんて無理やん？　食べ切れないほど余ってたら、分かち合うことかてできるけどな。

けんちゃん　自分が充分に持ってるモノやったら、分かち合うっていう「貢献」ができるって

ことやね。

健治　そうやな。それは物質面だけやなく、精神面でも同じなんや。

けんちゃん　精神面？

健治　心が平安で満たされている人は、人に心の平安を分かち合うことができるし、愛で満たされている人は、人に愛を分かち合うことができるんや。

けんちゃん　それやったら、お金持ちでなくても、できそうやね。

健治　この前な、ある有名なホテルの支配人をしてた人から面白い話を聞いたんや。

けんちゃん　どんな話？

健治　ホテルの従業員をどうやって選んどるのかっていう話なんやけど、そのホテルの従業員になれる人は、すでに満たされていて幸せな人だけらしいんや。

けんちゃん　すでに満たされていて、幸せな人しか従業員になられへんの？

健治　そうなんや。その満たされている割合をチェックするテストっちゅうか、オーディションみたいなんがあって、パスした人だけが従業員になれるようになってるらしいんや。

けんちゃん　へぇ〜。なんか徹底しとるね。でも、どうして満たされている人でないとダメなん？

健治　満たされてたら、ホテルに来たお客様に本当のおもてなしができるからなんやて。確かに、自分が満たされていなくて不平不満ばかり持ってたら、心からお客様に奉仕って、できへんと思うわ。

けんちゃん　なるほどね〜。じゃマザー・テレサ*も、充分に満たされてたから人々を救うことができたんやろか？

健治　そうやと思うわ。マザー・テレサは出逢う人たちに「あなたは、愛されて生まれてきた大切な人」って言葉を伝えてたんや。自分が満たされてなかったら、そんな言葉、伝えられれんと思うわ。

けんちゃん　じゃあ、満たされていない人は、人に与えることができないってことなん？

健治　そうや。自分自身さえ食べるものがなかったら、人に与えることなんてできへんし、自分が愛で満たされていなかったら、人に愛を与えることなんてできへんやん。

けんちゃん　そうやね〜。餓死してしまうね。

健治　まずは、自分自身を充分に満たすことや。そして、あふれ出た分を人に与えていけばええんや。
これは、俺たちが歌手になる前の話やけどな、ある大御所の演歌歌手の人と話をさせてもらう機会があったんや。その誰もが知ってる大物歌手は、俺たちに、こう言うたんや。

「最初はみんな、自分のために歌うんだよ。そして、いつかのタイミングで人のために歌うようになるんだよ。君も、最初は自分のために歌いなさい。有名になりたいとか、女にモテたいとか、そんな理由でいいんだ。君が本物だったら、いずれ人のために歌うようになるから」

いずれは人のため……。うん。

けんちゃん

けんちゃんメモ

最初は自分のため。いずれは人のため。

僕も最初は自分のためにしかできないと思うけど、いずれは人のために何かしたいなぁ。

＊マザー・テレサ　キリスト教修道女、教育者、平和運動家。貧困や病に苦しむ人々の救済に生涯をささげた。一九七九年にノーベル平和賞を受賞。

43話 「他人軸」と「自分軸」

健治　君、最近どんな悩みある？
けんちゃん　うーん、漢字が書けないことかなぁ。
健治　それ、いまだに書けへんで。
けんちゃん　え？　まぢで？
健治　そう、まぢで（笑）。
けんちゃん　漢字書けへんかったら、困ることとってないの？
健治　まあ、たまにはあるけど、ほとんど困らへんなぁ。パソコンとか携帯電話とかで、漢字に変換されるからな。
けんちゃん　パソコン？　携帯電話？
健治　あ〜そっか、まだこの時代ないか！　俺の時代は、ほぼ一人一台ずつ、前にも見せたiphoneって……これ、スマートフォンとか携帯電話ってゆうんやけどな、これを持ってるんや。あと、パソコンっていう機械も個人で持ってたり、会社では一人一台ずつ会社用のパソコンが貸し出されたりしてるんや。で、携帯電話とかパソコンで文字入力すると、自動で漢字に変換してくれるんや。

けんちゃん すごいなぁ。じゃ、漢字覚えなくてもええやん。

健治 まぁでも、覚えないより、覚えといたほうがええと思うけどな。

で、どうして漢字が書けないことが悩みなん？

けんちゃん 他の人が書けるから。

健治 他の人が書けて、自分が書けないと、どんな感じがすんの？

けんちゃん なんか、劣ってるいうか、恥ずかしい感じがする。

健治 他人と自分を比べて、劣ってるって感じるん？

けんちゃん なんか、世間一般っていうか、多くの人ができることが、できへん自分が恥ずかしいっていうか……。

健治 あのなぁ、人間の悩みのほとんどは「人間関係」にあるんや。

多くの人ができることが、自分にはできへんから恥ずかしいっていう悩みは、つまりは「人間関係」の悩みやねん。他人と自分を比較するから悩むわけやん。

けんちゃん で、その本質は「劣等感」や。

健治 ふ～ん、劣等感は、誰にもあるの？

けんちゃん 「劣等感」は、ほとんどの人にあるもんや。例えば、あの人より容姿で劣ってるとか、学校の成績が悪いとか、背が低いとか、持ってるお金が少ないとか、話が下手だとか、まあ、数え出したらキリがないくらい出てくると思うわ。

健治 う～ん、そうかぁ。どうすれば、劣等感は克服できるの？

けんちゃん まず、「劣等感」なんて、克服しようとしないことや。

健治 え？　克服しようと思わんかったらできへんのちゃうの？

けんちゃん 考え方を「他人軸」から「自分軸」に、変えたらええねん。
「多くの人が○○だから」って、他人を基準にすることが、他人軸や。
「自分はこうしたい」って、自分の人生の目的を基準にすることが、自分軸や。
多くの人が○○だから、それと比べると劣ってるという「他人軸」から考えるのをやめて、自分はこういう人生にしたいという人生の目的があって、その目的から考える「自分軸」にしたらええんや。

けんちゃん 自分の人生の目的から考えればええの？

健治　そうや。そもそも、多くの人たちと「他人軸」で比較した結果、優れてるから嬉しかったとしても、そんなもん「一時的な幸せ」に過ぎへんのや。これは前もゆうた「相対的な幸せ」やな。
自分の人生の目的を「自分軸」で考えて生きた時に、人は「絶対的な幸せ」を感じるもんなんや。そうすると「劣等感」を感じることができへんようになるわ。

けんちゃん　そうかぁ、他人と比べるから、劣等感を感じるんやもんね。

けんちゃん
メモ

他人軸じゃなく、自分軸で生きる。
僕も他人と比べるんやなくて、自分の人生の目的を生きたいな。

44話 すべての人に贈りものをする

健治 はい、プレゼント。

けんちゃん え！ くれるの？ ありがとう。わぁ〜！ 欲しかったグローブや！

健治 君も、今日から意識して、会ったすべての人に贈りものをするとええわ。

けんちゃん そんなん、絶対無理やわぁ。お金持ってないし。

健治 お金なんて、いらんのや。例えば寂しそうにしている人に、一言、声をかけることくらいはできるやろ？

けんちゃん うん、それくらいなら、できそう。

健治 そんな声がけも立派な贈りものやし、ただ自分が笑顔でいるっていうのも贈りものになるんや。

けんちゃん 笑ってるだけで？

健治 そうや。その笑顔を見た人は、心が癒されたりするやん。

お金がたくさんあれば、お金で買った物を贈ることができるけど、大抵の人は、限界があるやん。でも一円もかからない贈りものは万人ができるやん。

けんちゃん なんか、贈りものをするのって、大人だけやと思ってた。

健治 赤ちゃんでも、人に贈りものをしとんねん。

けんちゃん 赤ちゃんが？

健治 赤ちゃんが生まれてきてくれて、存在してるだけで、親にとってはすごい贈りものや。

けんちゃん 赤ちゃんは意識してなくても、すごい贈りものをしとるんやね。

健治 そうや。こんなふうに自分でも氣づかんうちに、人々に贈りものをしていることって本当に尊いことや。

でな、意識して人に贈りものをする場合は、決してその人らの見返りを求めないことが大事なんや。

けんちゃん 見返りを求めたら、あかんのやね。

健治 見返りを期待して贈りものをするいうのは、エネルギー的には奪うのと同じやねん。ただただ自分の愛のエネルギーを会う人たちに分かち合うことを、真の贈りもの言うんや。
その真の贈りものを続けてくと、自分には、人に贈れるほどたくさんの愛がある
ことに氣づくんや。

けんちゃんメモ

すべての人に贈りものをする。
僕みたいにお金がなくても、すべての人に贈りものはできるんやなぁ。

45話 難なくできることの中に才能が隠れている

健治　今日は、才能の話をしよう。

けんちゃん　僕、なんにも才能ないと思うわ。

健治　そんなことあらへん。めっちゃ才能あるんやけど、氣づいてないだけや。

けんちゃん　え！　才能あんの？　知らんかった。どうして氣づかへんの？

健治　それはな、「本人には当たり前のことで、難なくできること」を才能って呼ぶからなんや。

けんちゃん　当たり前のようにできるから、才能を持ってても氣がつかへんの？

健治　そのとおりや。例えば君の場合は、歌を歌うことやったり、人前で人を引きつけて話をする才能があんねん。まぁエンターテイナーの才能やな。

けんちゃん　へぇ〜。全く、全然、思いもせんことや！

健治　そうやなぁ、その才能は君の中に眠ってて、まだ表に出てない状態やねん。そのうちに表に出てきて、他の人から教えてもらうことで、自分の才能を知ることになるわ。

けんちゃん 他の人が、教えてくれんの？

健治 そうなんや。自分では、氣がつかへんもんなんや。
例えば、歌を歌うという才能を人前に出した時に、まわりの人がその才能に反応してはじめて、自分の才能に氣づけるんや。そう、あの酔っ払いのおっちゃんが「けんちゃん、歌上手いなぁ」って言ってくれた、あの言葉のようにな。

けんちゃん そんなもんなんやね。

健治 あと、写真家としての才能もあるんやで。

けんちゃん あ、そうやったね！

健治 写真の時も、自分では当たり前の写真を撮影してるから、その写真に才能があるのかどうか、わからんかったんや。でも、いろんな人から、写真が上手だとか、素敵だとか言われて、あ〜、自分には写真撮影の才能があるのかぁって氣づかせてもろたんや。
でも、誰かに見てもらったり、聞いてもらったり、読んでもらったりしないこと

けんちゃん
には、他の人もその才能に氣づかんやろ？

健治
うん、出してみないと、氣づいてもくれへんね。
な！　せやから、自分が難なくできること、ワクワクすること、楽しいことを表現して、人前に出してみるとええんや。そうすると、「あなたは、この才能がありますよ〜」って、人が教えてくれるからな。

けんちゃんメモ

才能は、難なくできることに隠されているから、自分自身では氣づきにくい。
僕も自分の才能、人に聞いてみよ。

46話 天命と天職

けんちゃん　この前、図書室で読んだ本に出てきたんやけど、マザー・テレサとかガンジー*とか、偉人がおるやん。あの人たちは、幸せやったんかなぁ？

健治　幸せやったかどうかは、本人が感じることやから、わからんなぁ。せやけど、マザー・テレサもガンジーも、「天命」を生きた人やと思うわ。

けんちゃん　天命って、天からの命令ってこと？

健治　そう言われることもあるけど、俺は、天から与えられた使命やと解釈しとんねん。「大いなる存在」が、「君には、この使命を与えてあげるから、やってみなさい」言うて、いろんな試練を与えてくれるんや。

けんちゃん　試練って、なんか大変そうやね。

健治　前に、ネガティブな経験の中に使命が隠されてるって話したの、覚えてる？　使命に氣づくためには、試練も必要なんや。

けんちゃん　でな、その与えられた試練を乗り越えた先に「天職」があんねん。この「天職」っていうのは、仕事とは限らんねん。

健治　確かに、マザー・テレサもガンジーも、仕事をしてたって感じとちゃうもんね。

けんちゃん　そうや。それに「天職」は、人によって、全然違うもんなんや。ある人は子育てが天職だったり、ある人はそば職人が天職だったり、ある人は政治家が天職だったりするわけや。つまり人の数だけ、それぞれの「天職」があるんや。

健治　全員が、その「天命」や「天職」に氣づけるの？

けんちゃん　それが、多くの人は、氣がつかないまま一生を終えるんや。

健治　なんでなん？

けんちゃん　「天命」や「天職」を受け入れるには、今の自分を忘れる必要があるからやねん。『夜と霧』の著者、ヴィクトール・フランクルは「自分を忘れたとき、本当の自分を発見する。本当の自分を表現するとき、自分はいなくなる。」って言うとんねん。自分はいなくなるっていうのが、「天命」や「天職」を受け入れて、本当の自分を生きるってことなんや。

けんちゃん 自分はいなくなる……。ガンジーやマザー・テレサは、自分を忘れたってことなん？

健治 そうや。自分の欲求のためやなく、人のため、社会のために「貢献する生き方」が、「天命」や「天職」を受け入れて本当の自分を生きるってことや。

多くの人は、今の自分を生きながら自分の欲求を満たそうと努力するけど、「本当の自分」は生きてないんや。

人のため、社会のために「貢献する生き方」ゆうのは、必ずしも幸せな人生とは限らんねん。個人としての幸せは減る可能性があんねん。「天命」や「天職」を受け入れ本当の自分を生きるには、コミットメント、つまり覚悟が必要なんや。

けんちゃん どうしたら「天命」や「天職」に氣づけて、「本当の自分」を生きることができんの？

健治 実は、全部「本当の自分」が知っとるんや。せやけど、毎日忙しくしていたり、ただなんとなく生きていたんでは、「天命」や「天職」に氣づいて「本当の自分」を生きることは難しいんや。

魂レベルのアンテナを育てる時みたいに、静寂の中で、「自分は、なんのために生まれてきて、どんな使命があるのか教えてください」って、自分に向かって質問してみるとええわ。そうすると、いつか本当の自分が、「天命」や「天職」を教えてくれるわ。

けんちゃんメモ

天命や天職を生きることが、本当の自分を生きること。自分を忘れた時に、本当の自分を発見するって言うてたなぁ。自分を忘れるんかぁ……。

＊ガンジー　マハトマ・ガンジーとして知られるインドの非暴力運動の指導者、政治家。イギリスによる植民地支配からインドを非暴力によって独立に導いた。独立の父と呼ばれる。

参考文献　斉藤啓一著『フランクルに学ぶ━生きる意味を発見する30章』日本教文社

47話 あなたが天命を生きないことで損失を受ける人は誰？

けんちゃん　前回、おじさんが話してくれた言葉が、頭ん中でぐるぐる回っとるんや。えーと、自分を忘れると、とか、本当の自分ってゆう言葉。なんか、お風呂に入ってても、頭でずーっと、その言葉が繰り返し出てくるんや。

健治　ヴィクトール・フランクルの「自分を忘れたとき、本当の自分を発見する。本当の自分を表現するとき、自分はいなくなる。」っていう言葉やな。

けんちゃん　そうそう、それそれ！　自分を忘れるって、記憶喪失になることなんやろかぁ？とか、本当の自分を表現する時、自分はいなくなるとかって、難しくってイメージできへんねん。

健治　うんうん、確かに、難しくって深い言葉や。俺は、この言葉大好きなんや。俺の解釈では、こうや。
まず、「自分を忘れたとき、本当の自分を発見する」いうのは、自分が自分がっていう自我や想い、欲求は横に置いといて、自分の利益なんて全く考えずに、他者や社会に貢献している時だけ、本当の自分を見つけることができるって言うてるんや。

で、次の「本当の自分を表現するとき、自分はいなくなる」いうのは、他者や社会に貢献している時だけ、自分の自我、想い、欲求はなくなるっていう意味やねん。

けんちゃん やっぱり難しいなぁ。

健治 まあ、何度も言葉の意味を考えてみるとええと思うわ。

けんちゃん うん、そうする。

健治 自分を忘れて他者や社会に貢献するっていうのは、天から与えられた「天命」や。この天命を生きないことで、どれだけ多くの人が、損失を被ってるかわかる？

けんちゃん え？　天命を生きないと、誰かが損すんの？

健治 そうや。例えば、ガンジーやマザー・テレサが、その天命を受け入れずに自分の欲求を満たすために生きてたとしたら、多くの人々がガンジーやマザーテレサから得られるはずやった恩恵を永遠になくすことになるんや。これって、すごい損失やろ?

けんちゃん うん、人類の損失やと思う。

健治 もし君が天命を生きないことで、どんな人が損失を受けるのか?
反対に、もし君が天命を生きることで、どんな人が恩恵を受けるのか?
考えてみるとええわ。

けんちゃんメモ

天命を生きないことは、誰かの損失になる。
天命を生きることで、誰かが恩恵を受ける。
僕にはまだ難しいけど、時が来たら天命を生きたいなぁ。

48話

すべての人から好かれようとしない

けんちゃん　おじさん、人から好かれるには、どうしたらええんかな？

健治　どんな人に好かれたいん？

けんちゃん　う〜ん、すべての人から好かれたいなぁ。

健治　それは、無理やわ。

けんちゃん　え！　どうして？

健治　すべての人から好かれる人って、存在せえへんのや。

けんちゃん　そうやろか？　岡田くんは、みんなから好かれとると思うけどなぁ。

健治　君、好きな歌手って誰？

けんちゃん　山口百恵ちゃんが好きやなぁ。

健治　あの国民的スターの山口百恵ちゃんさえも、すべての人から好かれてるわけやないんや。必ず、あまり好きじゃないって人も、おるもんやねん。

けんちゃん せやけど、多くの人に好かれてるから国民的スターになってるわけやん？

健治 もちろんそうや。でもな、好かれようとしてるわけやないねん。人は、自分の中の好きな部分が相手に見えた場合、相手を好きになるんや。自分の中にある好きな部分を山口百恵ちゃんに投影して見とんのや。

けんちゃん ほな、自分を見とるっていうことなん？

健治 そうや。反対に、自分の中の嫌いな部分が相手に投影して見えた場合、相手を嫌いになるんや。つまり、自分の中の好きな部分が多く投影して見える人を好きになって、自分の中の嫌いな部分が多く投影して見える人を嫌いになんねん。

けんちゃん 自分の嫌いな部分って、結構あるなぁ。

健治 みんなそうや。自分のすべての部分が好きって人は、珍しいと思うわ。

けんちゃん そうかぁ。じゃ、自分の嫌いな部分が多い人は、なかなか人を好きになれへんね。

健治 ええとこに氣づいたなぁ、君。そのとおりやねん。
好き嫌いは、その人の過去の記憶からつくられた価値観や信念が決めとんのや。それは、人に対してだけやないんや。例えば、「花が好きな人、嫌いな人」「海が好きな人、嫌いな人」「犬が好きな人、嫌いな人」……様々な好き嫌いがその人の中にあって、それをこちらからコントロールすることはできへんのや。

けんちゃん 好き嫌いは、その人が決めるんやね。

健治 せやから、すべての人から好かれるなんて、無理やねん。大切なのは、人から好かれるためや、嫌われたくないために何かをやるんじゃなくて、素直な、ありのままの自分を表現することやねん。

けんちゃん 僕、人からどう思われるか、かなり氣にしてたわ。でも、ありのままの自分を表現することが大事なんやね。自分らしくってことやね。

健治 そうや。そうやって自分らしく生きていったら、自分と価値観や信念が似てる人に好かれるようになるんや。

けんちゃんメモ

すべての人から好かれようとしなくていい。ありのままの自分でOK。人からどう思われてるか氣になってたけど、それより自分らしくいたほうがええんやな。

49話 瞑想のように人の話を訊く

健治 今日は、人の話の聞き方についてや。

けんちゃん 話の聞き方なんて、あんの？

健治 そうや。聞き方にも、三つのレベルがあるんや。

けんちゃん へぇ。また三つなんやね。どんな聞き方があんの？

健治 まず、一段階目は、「自分に意識を向けて聞く」や。
例えば、人の話を聞いている時に「それは違うんじゃないか？」とか、「こうすれば解決するのに」とか、自分の考えが次から次へと浮かんできて、そのアイディアを相手に伝えてあげたくなってしまうような聞き方や。この聞き方が、一番低いレベルの聞き方や。

けんちゃん え？　僕、結構その聞き方やってるかも！　でも、アドバイスしてあげるのって、ええんちゃうの？

健治　アドバイスっちゅうのは、求められたらしてあげたらええんや。そもそも人は、アドバイスが欲しくて話をしてるわけやない場合が多いからな。話をただ聞いて欲しい人にアドバイスしたら、「ちゃんと私の話聞いてよ」ってなるんや。女性は、特にその傾向が強いんや。

けんちゃん　そっかぁ。なんか僕、アドバイスの押し売りをしとったみたいで、恥ずかしいな。

健治　アドバイスの押し売りも、自分の中の「思いやりの心」から伝えた場合は、押し売りではなくなるんや。まあ、憎めないおせっかいな人って、そんな感じやろ？　せやけど、「自分の正しさ」を相手に認めさせるようなアドバイスっちゅうのは押し売りになるんや。

けんちゃん　うん、わかった。次の二段階目は？

健治　二段階目は、「相手に心を向けて聴く」や。
自分の判断や考えは、まず横に置いといて、相手に意識を向けて聴くんや。相手に意識を向けるのは、話の内容はもちろん、声のトーンや表情、視線や体の姿勢なんかも一緒に聴いて、相手が何を伝えたいのか？を全身で感じ取る聴き方やねん。この聴き方は、自分の「自我」を抑えないと難しいんや。

けんちゃん 自分の判断や考えを横に置いて聴くって、難しそうやね。

健治 そうやなぁ。でも、そうやって判断されずに全身で聴いてくれたら、話した人は「ちゃんと聴いてもらってる。この人は、自分のことをわかってくれてる」ってなるんや。

けんちゃん そうかぁ、相手をちゃんとわかってあげることになるんやね。最後の、三段階目は、どんな聴き方なん？

健治 三段階目は「魂に訊《き》く」や。

けんちゃん 魂に訊く？

健治 そうや。人は、話をしている時、本当に感じてることと話の内容に、ギャップがあることが少なくないんや。

けんちゃん 話してることが、本心じゃないっていうこと？

健治 そうや。話している本人が、ギャップに氣がついてる場合もあるし、本人もギャップに全然氣がつかないこともあるんや。
例えば、すごく楽しかった時の話をしてても、心の深い部分では、どうしようもない孤独を感じてたりするもんなんやけど、本人も、そんなことに氣がつかへんねん。

そういう場合は「魂に訊く」訊き方をすればええんやけど、これは、二段階目の「相手に意識を向けて聴く」より難しい訊き方や。

けんちゃん どうやればええの？

健治 相手の人の魂に「本当は、何を伝えようとしていますか？」って、自分の魂を経由して、声に出さずに訊くんや。

けんちゃん ……？

健治 静かに自分の内側へ意識を向ける瞑想のように、相手の人の魂に訊いてみるんや。「本当は、何を伝えようとしていますか？」って。そうすると、相手の人は、自分が本当に感じていることがわかるようになるんや。

けんちゃん すごい！ そんなことが起こるんや。

健治 それとな、例えば、話の内容が悩みやったとしたら、相手の人の魂に「本当の問題は何ですか？」って訊いてみるんや。そうすると、その人が抱えている本質的な「問題」と「解決策」も、相手の中から出てくるようになるんや。

けんちゃん なんか、不思議やね。

健治 話している相手は、自分自身でもあるからな。

けんちゃんメモ

話のききかたは「自分に意識を向けて聞く」「相手に心を向けて聴く」「魂に訊く」の三つがある。

今度、人の話をきく時に、意識してきいてみよ。

50話 願望が叶わない人と叶う人の違い

健治　前にな、人生で実現したいことリストの話したことあるやろ？

けんちゃん　うん。僕、やりたいこと一〇〇個書こう思ったやつや！

健治　それや。あのな、紙に書き出して読んでみても、人生で実現したいことが達成される場合と、されない場合ってあるんや。これ、なんでやと思う？

けんちゃん　う〜ん、願望を叶える方法を知っとるか知らんかの違い？

健治　願望があっても、叶えるための方法を知らんかったら難しいと、普通は思うわな。でも、前にも話したことあるけど、方法は知らんでも、その氣になれば願望を叶えることはできるんや。
一つは、願望を叶える方法を知ってる人からその方法を教えてもらってやってみること。もう一つは、天に導いてもらう、や。

けんちゃん　あ〜、思い出した！　そうやったね。

健治 願望が叶わないって思ってる人なんやけど、実は、願望を叶えとんのや。

けんちゃん え～！ 何それ？ 願望が叶ってないっていうんやったら叶ってないやん。

健治 願望が叶ってないって思ってる人は、頭で考えてる願望と、自分の深い部分にある願望に、ギャップがあんねん。

例えば、お金がなくて苦しんでる時に、お金があったらその苦しみから抜け出せると思うやん？

けんちゃん うん。

健治 それで、お金持ちになれますようにとか書くわけや。でもな、それって「お金がない状態は嫌や」って恐れがベースやねん。つまり「お金がない状態は嫌や」って、メッセージを宇宙に送っとんねん。

そうするとな、その「お金がない状態は嫌や」のエネルギーが増大して、また「お金がない状態は嫌や」の状態をつくりよんねん。

けんちゃん 本当に思ってることが実現するってこと？

健治 そのとおりやがな！ 君、天才やな。

けんちゃん うん。

健治　君、謙遜っちゅうもんを知らんのか！　け・ん・そ・んっちゅうのを！

こういう場合は、必ず、自分の深い部分のほうの願望が叶うように、法則が働いとんねん。

けんちゃん　じゃあ、願望がどんどん叶う人っていうのは、頭で考えてる願望と、自分の深い部分にある願望が、一致してるっていうこと？

健治　完全に正解や。自分の深い部分にある願望が、この世界に投影されて、人生で経験する出来事を一〇〇％創造しとんのや。つうことは、すべての人の願望は一〇〇％叶ってるゆうことなんや。

けんちゃん　じゃあ、自分の深い部分と、頭で考えてる願望を一致させるには、どうしたらええの？

健治　ええ質問やないか。それは、自分の深い部分にアクセスすればええんや。

そして、自分の深い部分に、どんな恐れがあるのか？　その恐れや痛みの根源になった出来事はどんな出来事だったのか？　そうやって出来上がった観念や信念はどういったものか？っていうのを思い出す作業が必要やねん。

けんちゃん　思い出して見つけたら、どうすんの？

健治

その恐れや痛みを癒す必要があんねん。その恐れや痛みを抱くようになった出来事を完全に過去の出来事として終わらすんや。

その恐れや痛みは、「真実」ではない、幽霊のようなもんやねん。正体がわからんから恐れてただけのことやと氣がついたら、その恐れや痛みは、なくなるんや。

そしたら、恐れのない観念や信念が新たにつくられて、その観念や信念が世界に投影されて、人生で経験する出来事を変えていくんや。

そうすると、頭で考えてる願望と、自分の深い部分にある願望が一致して、自分の願望をどんどん叶えているという実感が持てるはずやねん。

けんちゃんメモ

自分の深い部分で信じていることが、現実になる。
頭で考えてることと、深い部分で信じてることを一致させればええんやな。

51話 その願望が叶ったら何がどう変わるのか

健治　今日は、前回の願望の話の続きや。

実際に、自分が得たい願望が達成したら何がどう変わるのか？を、あらかじめ考えておくのって、結構大事やねん。

けんちゃん　何がどう変わるのか？って、考えたことないかも。どうやって考えればええの？

健治　まず、この願望達成シート（次ページ）に記入してみるんや。

タイトルには、叶えたい願望を一つ書いて。

じゃあ、例えばタイトルを「歌手としてメジャーデビューする」で考えてみよか。

まず、左上の「自分&見えるもの」の欄には、その願望が叶ったら自分自身の目に見えるものは何がどう変わるのか？を書いていくんや。例えば「念願のＣＤが販売された」とか「印税がもらえるようになった」とかや。

次に、右上の「社会・他者&見えるもの」の欄には、社会や他者の目に見えるも

願望達成シート

〜 願望が叶ったらどうなる? 〜

願望タイトル

自分&見えるものはどう変わった?	社会・他者&見えるものはどう変わった?

自分&見えないものはどう変わった?	社会・他者&見えないものはどう変わった?

・過去形で書こう!
・枠の中から一番得たいものを一つ選んで○で囲もう!
・書き上がったら、「これが本当の望み?」と自問し、YES になるまで見直そう!

のは何がどう変わるのか?を書いていくんや。「自分の知らない人たちがCDを買って歌を聞いてくれるようになった」「大勢の前で歌える機会が増えた」とかや。次に、左下の「自分&見えないもの」の欄には、自分自身の目に見えないものは何がどう変わるのか?を書いていくんや。「念願のCDデビューができて飛び上がるほど感動した」「自分が誇らしく思えた」「自信を持つことができた」とかや。最後に、右下の「社会・他者&見えないもの」の欄には、社会・他者の目に見えないものは何がどう変わるのか?を書いていくんや。「母親が喜んでくれた」「歌を聞いた人に希望を与えることができた」とかや。

健治 僕、氣づいたんやけど、全部、過去形で書くんやね。

けんちゃん そうや。よう氣づいたな。これは、もう願望は叶ってるっていう前提で書いたほうがええからなんや。

で、各項目の数は、いくつでも書いてええんやけど、その中でも一番得たいもの・変化させたいものを、各項目ごとに一つだけ選んで○をつけるんや。全部で、四つの○に囲まれた「得たいもの&変化させたいもの」を見て、「本当にこれが望み?」と自分に聞いてみるとええわ。

答えがＹＥＳなら、その願望は持ち続けてＯＫや。答えがＮＯなら、その願望と、自分が得たいものの変化させたいものをもう一度見直してみるのを勧めるわ。

けんちゃん　願望の数だけ、この紙用意してやってみたらええわ。一つの願望に一枚や。うわ～、書いてたら、やりたいことめっちゃリアルにイメージできるな。なんかワクワクしてきた！

健治　せやろ。どんどん書き～！

けんちゃんメモ

願望達成シート

～ 願望が叶ったらどうなる？ ～

願望タイトル
歌手としてメジャーデビューした

自分＆見えるものはどう変わった？	社会・他者＆見えるものはどう変わった？
・念願のCDが発売された ・印税がもらえるようになった	・知らない人たちがCDを買ってくれた ・大勢の前で歌える機会が増えた

自分＆見えないものはどう変わった？	社会・他者＆見えないものはどう変わった？
・念願のCDデビューができて飛び上がるほど感動した ・自分が誇らしく思えた ・自信を持つことができた	・母が喜んでくれた ・歌を聞いた人に希望を与えることができた

・過去形で書こう！
・枠の中から一番得たいものを一つ選んで○で囲もう！
・書き上がったら、「これが本当の望み？」と自問し、YES になるまで見直そう！

52話 仕事は全人類で分業している

けんちゃん　前に、天職の話してくれたやん？　それで思ったんやけど、世の中には、どれくらいの仕事の種類があるんかなぁ？

健治　二万種類以上あると言われとるけど、時代と共になくなっていく職種、増えていく職種があるから、常に、仕事の種類は変わり続けてるんや。

けんちゃん　うわぁ、そんなにあるんや。仕事の種類って、増えたり減ったりするんやね。

健治　時代と共に、人が必要としているものが変わっていくんや。機械やコンピューターが、人の代わりをするようになるっちゅうのも大きな原因や。
例えば、君らの時代では、高齢者の割合がそんなには多くないから介護関係の仕事をしてる人は少ないんやけど、俺らの時代では高齢者がめっちゃ多くなんねん。せやから、介護する人が全然足りなくなるほど、介護関係の仕事は人から必要とされてる仕事になってるんや。

けんちゃん　反対に、君の時代では会計関係の仕事は多かったんやけど、パソコンが使われるようになってから、どんどん会計関係の仕事はなくなってきてるんや。

健治　そうなんやね〜。もしさぁ、みんなが「大好きなこと」や「やりたいこと」を仕事に選ぶようになったら、人が嫌がる仕事をする人っていなくなるんやろか？

けんちゃん　人が嫌がる仕事？　例えば、どんな？

健治　例えば、トイレ掃除とかの仕事って、みんな嫌がらへん？

けんちゃん　そんなことないで。トイレ掃除を、仕事どころか無料でやる人もいてるで。公園のトイレ掃除をしたりするボランティア活動を趣味にしてる人さえ、世の中にはおるんや。

健治　へぇ〜、すごいな。じゃあ、人が嫌がる仕事ってないの？

けんちゃん　君は、トイレ掃除の仕事は嫌なんやろ？

健治　うん。

けんちゃん　人によって、嫌いな仕事、好きな仕事って全く違うねん。だから二万以上も仕事の種類があるわけやん？

健治　そっかぁ。

健治 人によって、嫌いな仕事、好きな仕事があるから、ええねん。

けんちゃん もしも、人類全員が「他人が食べる料理は絶対につくるの嫌や」ゆうて、この世から料理人がいなくなったら、どんな世の中になると思う？

健治 僕が毎日食べに行ってる食堂もなくなるし、大好きなうどん屋さんも、お好み焼き屋さんも、焼肉屋さんも、なくなっちゃう。大変や！

けんちゃん そんなに慌てなくて大丈夫や（笑）。なくならんから。

健治 仕事っちゅうのは、全人類で、ちょうどええバランスで分業されとんねん。

けんちゃん 全人類で分業されとる？

健治 人によって、才能とか、性格とか、興味のあるもんとか、全然ちゃうやろ？ それと同じように、仕事も、その人の得意なことだったり、大好きなことだったり、能力があることだったりする仕事を選ぶようになるから、ちょうどええバランスで、仕事が割り振られとんのや。

けんちゃん じゃあ、仕事がなくなったり、取り合いになったり……なんて、心配することないね。

健治 そうや。みんながちょうどいい仕事をしてくれてるおかげで、俺たちは快適で豊かな生活を過ごせてるんや。

君が好きなうどん屋さんのうどんも、ものすごい数の人が仕事をしてくれたおかげで、食べられるんや。

うどんの麺をお店まで運んでくる人、うどんの麺を製造している人、うどんの材料になる小麦粉を製粉している人、小麦を輸入する人、外国のどこかの国で小麦を育ててる人、誰かが欠けても、君は、うどんをお店で食べることができへんのや。スープや具、器やお箸、お店の建物や調理器具まで含めて考えたら、それこそ、多くの人のおかげで、一杯のうどんが食べられてるわけや。

そう考えると、ありがたいことやね。多くの人に感謝せなあかんね。

けんちゃん

けんちゃんメモ

仕事は、多くの人で、ちょうどよく分担しあってる。多くの人が仕事してくれてるおかげで、僕もこうやって生活できてるんやなぁ。感謝せなあかんな。

53話 依正不二―二千年以上前から伝えられてきた宇宙の法則

健治　今日は、ちょっと上級編や。

けんちゃん　上級編？

健治　せや。難しく聞こえるかもしれんけど、まぁ今までの話の内容を合わせたら、わかるようになっとると思うで。

仏教の教えに、依正不二《えしょうふに》ゆうのがあるんや。聞いたことないやろ？

けんちゃん　依正不二？　どんな意味なん？

健治　自分自身と周辺の環境や出来事、近くにいる人たち、ぜーんぶ自分自身の状態が創り出したモノで、別々に存在してるんちゃう、あなたが創り出した、一つのモノやで～ってゆう意味や。

けんちゃん　あ～、前にも似たような話聞かせてもらったことあるね。目の前の人は自分自身やとか、自分で出逢ってる人を選んでるとか……。

健治　そうや。このことは、二千年以上前から世界中の賢人たちによって伝えられてきたんや。目に見えない宇宙の法則の一部と言えると思うわ。

けんちゃん　自分自身の状態が、環境や出来事を創り出すって、例えばどういうこと？

健治　じゃあ、わかりやすいのでたとえると、自分がイライラしている時に限って、友達が不機嫌やったりすることない？

けんちゃん　あ〜あるある！　この間も、そんなことあったわ。

健治　それは、友達が不機嫌に見えるんやなくて、イライラしている自分が不機嫌な友達を創り出しとるってことやねん。

けんちゃん　う〜ん……やっぱり難しいなぁ。

健治　そやろなぁ。これな、大人でも難しい思うわ。
一回だけやなくて、何べんでも思い返したらええねん。俺も、何べんでも話しするしな。

けんちゃん　うん、わかった。でもな、めっちゃ楽しくしとったのに、いきなり人に怒鳴られて、悲しくなったりすることがあるのは、なんでなん？

健治　それは、自分の深い部分が「悲しみ」を味わいたいからや。人生は体験や言うた

けんちゃん
やろ？「悲しみ」も、貴重な体験の一つや。「悲しみ」を味わいたいから、いきなり怒鳴る人を君が創り出したっちゅうことや。人生の中で見舞われる不慮の事故やネガティブな体験なんかも、全部自分が創り出したことやねん。

健治
じゃあ、自分のまわりの環境や人を変えていくには、どうしたらええの？

けんちゃん
深い部分の自分を変えていけばええんや。
人を変えようとしても、変えることはできへん。人や環境は、鏡に映った自分やからや。鏡に映った相手（人や環境）をいくら変えようとしても無駄や。自分が変われば、鏡に映った相手（人や環境）も同時に変わるんや。
それが、依正不二の意味や。

けんちゃんメモ

自分自身の状態が、まわりのモノを創り出しているのかぁ。
自分の深い部分って、いろんなところに影響するんやなぁ。

54話 右へならえの事なかれ人生

健治　俺らさぁ、結婚式の写真を撮っとるやん？

けんちゃん　ま、僕は、まだ撮ってないけどね（笑）。

健治　結婚式って、結構たくさんの種類があるんや。

けんちゃん　え、たくさん種類があるの？

健治　そうや。大きく分けたら、神前式、仏前式、人前式、教会式に分かれるんやけど、同じ仏前式でも宗派によって儀式が違ったりすんのや。教会式もロシア正教、英国聖公会、プロテスタント、カトリックの四つの宗派に分かれるんや。

けんちゃん　そんなにあるんやね。

健治　でも、日本人は、ホンマ変やなぁって思うんや。

けんちゃん　どこが変なん？

健治　正月は神社へ初詣に行って、結婚式はキリスト教式で挙げて、葬式は仏前式でするのって、海外の人から見たら、ありえへんのや。

けんちゃん ふ〜ん。別に、違和感ないけどな。

健治 まぁ、ほとんどの人が特定の宗教に所属しているっていう感覚はなくて、まわりの人たちがやってるから同じことしとけば大丈夫、みたいなことになっとるんやと思うわ。

けんちゃん なんにも問題ないと思うけど……。

健治 いや、大ありやん。そうゆうのを「右へならえの事なかれ人生」って言うんや。多くの人がやってるから、自分も同じように合わせるっていうのは、「自分の意見がなくなる」ってことや。
例えば、大勢で居酒屋さんに飲みに行った時に、誰かが「とりあえずビールでええよな」とか言い出すねん。全員が、ビールを最初に飲みたいって限らんやん？　せやけど、大抵の人は「じゃビールで」って、合わせよんねん。

けんちゃん でもまぁ飲み物くらい、大したことないと思うけどなぁ。

健治 いやいや、ホンマにこういった些細なことでさえも、自分の好みや主張を言えんかったら、自分のことがわからんようになんねん。そしたら、めっちゃ大事な時に自分を出せるわけないねん。

とりあえず多くの人が良いって言ってる学校に行き、とりあえず多くの人が良いって言ってる会社に就職し、とりあえず多くの人が良いって言ってるような右へならえの事なかれ人生になるんや。

けんちゃん これは、「とりあえずビールでええよな」と一緒のことやねん！

健治 そっかぁ。僕は、右へならえの事なかれ人生は、生きたくないなぁ。

けんちゃん じゃ、とりあえずビールでええかな？

健治 いや、アップルジュースで！

けんちゃんメモ

多くの人が選んでいることが正しいとは限らない。
自分の主張や考えをしっかり持つことが大事なんやなぁ。

55話 人生の目的は静寂からやってくる

健治　君、夜になると、しーーーんと静まりかえった部屋で、自分自身によく質問しとるやん？「死んだら、今考えてる僕って、完全になくなんのかなぁ？」とか、「なんのために、人は生きるんやろ？」とか。

けんちゃん　うん。昼間はまだ、まわりで物音とかするから、そんなこと考えへんけど、夜になると、ホンマにひとりぼっちやから、自然とそんなこと考えて自分と話しとる。

健治　それって、メッチャ貴重な経験なんやで！

けんちゃん　え？　ひとりぼっちでいることが？

健治　そうや。ひとりぼっちやから、自分自身と対話ができるんや。まぁ、答えは出てこんかもしれんけどな。

けんちゃん　うん。答えは、全然、出てこーへん。

健治　大丈夫や。子どもの時に持った問いは、一生かけて考えていくことになるから、

けんちゃん　今はそれでええねん。その質問はな、「本当の自分」に届いとるんや。せやから、大人になった俺が、時空を超えて、君に答えを知らせに来たっちゅうわけや。

健治　そう。

けんちゃん　じゃ、僕は夜に「本当の自分」と話をしてたわけ？

健治　「本当の自分」と話をすると、何でええの？

けんちゃん　自分の人生の目的が、わかるようになるんや。

健治　人生の目的が？

けんちゃん　そうや。自分と対話する時に出てきた深い問いは、自分のテーマでもあんねん。普通の人は、大人になったら、朝早く起きて、身支度を整えて、満員電車に揺られて、会社に着いたら仕事して、会社から帰る頃はもう夜で、また満員電車に揺られて家に帰って、晩ご飯食べてお風呂入って眠りについて、起きたらまた身支度整えて……っていう感じの人生を送る人が多いんや。

健治　なんか、同じことの繰り返しをしてる感じやね？

けんちゃん　そうやなぁ。まぁ、とにかく忙しい人生を過ごしてる人が多くてな、ゆっくり時間を取って、自分の人生にとって大切なことを自分に聞いてみる、なんて、考え

けんちゃん もしない人がほとんどなんや。

健治 そういう人は、わからないまま生きることになんの？

けんちゃん いや、絶対そうとは言われへんねん。時間に追われて忙しい人でも、朝とか夜の五分間でもええから「本当の自分」とつながる時間を持てばええねん。

健治 僕みたいに、自分に質問したり、自分と話す時間をつくればええんやね？ 五分やったら、できそうやね。

できれば、朝五分間と夜五分間できたらええな。歯磨きや食事と同じように、習慣にするとええんや。

やったことない人のために、「本当の自分」とつながるやり方説明しよか。

・まず、一人きりになれるスペースと時間を確保するんや。
・リラックスして座って、膝の上に手のひらを上にして置いて、肩の力を抜く。
・ゆっくりと呼吸を始める。息を吸う時は三〜四秒かけて鼻から吸うて、吐く時は八〜十五秒かけてゆっくり口から吐くようにするんや。
・そして、呼吸だけに意識を集中するんや。

・雑念が浮かんできたり、物音が聞こえて集中が途切れたとしても、全然かまへんねん。また呼吸に意識を戻すようにするんや。

・最後の一分間ぐらいで、「本当の自分」に質問があったら、質問してみるとええわ。質問がない場合「本当の自分」からメッセージが伝えられることもあると思うわ。

・慣れてきたら、「本当の自分」と会話してみるとええな。

けんちゃん　これやったらできそうやろ？　まあ、中にはわざわざ一週間くらい会社を休んで、お金払って、人里離れた場所に行って「瞑想」する人さえおるわ。

健治　ふーん、お金まで払うんやね。

ところで「本当の自分」とつながって人生の目的がわかると、どうなんの？　人生の目的がわかるっていうことは、自分がなんのために生まれてきたのか？って理由がわかることでもあるんや。

俺たちの場合で説明すると、人生の目的の一つが、こうやって俺たちが人生について話してる内容を多くの人に伝えるってことやねん。

けんちゃん おお〜。結構すごいことやってるやん！　じゃ僕は、毎日好きなだけ「瞑想」してたから、「本当の自分」とつながることができたってことやね。

健治 せや。君、めっちゃラッキーボーイやで。

けんちゃんメモ

僕は、ラッキーボーイやったんや！

56話

原因が先か？　結果が先か？

健治　ニワトリが先か、卵が先かって君、聞いたことある？

けんちゃん　うん、どっちを先に食べるかってことでしょ？

健治　アホか！　誰が親子丼の話しせぇゆうたんや！　先にニワトリがいるから卵を産むことができたんか？　いやいや、何をおっしゃるウサギさん。卵が先にあったからヒヨコが産まれてニワトリになるんちゃいまっか？っちゅう話や。

けんちゃん　うーん、うーーん……たまご……ニワトリ……ん？　ウサギ？　あ〜、あかん！　頭ぐるぐるしてきた。

健治　前に、「因・縁・果の法則の話」ゆうて、先に「果（結果）」を決めると、「縁（出来事）」は、その「果（結果）」を得るために、不思議な偶然を引き起こす作用があるっていう話、覚えとる？

けんちゃん　……？

健治　やっぱり……（笑）。今回の話は、まずは原因があって、出来事が起こって、結果があるっていう時間軸に沿った考えが正しいのか、いやいや、実は先に結果があって、出来事が起こって、原因がつくられているのか？っちゅう話しやねん。

けんちゃん　普通に考えたら、原因があって、出来事があって、結果とちゃうの？

健治　起こる順番で考えたら、そのとおりやけどな。

けんちゃん　時間の順番で考えへんっちゅうこと？

健治　そうや。現在も過去も未来も、〝今この瞬間〟だけに存在しとるんやからな。例えば、〝今この瞬間〟めっちゃ氣分がポジティブになっとるとしよか。

けんちゃん　うん。

健治　そうするとな、未来の自分も、〝今この瞬間〟にポジティブな氣分になっとんねん。つまり、未来の自分になんかええことがあったからポジティブになってるんやなくて、〝今この瞬間〟に未来のポジティブな結果をつくってるんや。

けんちゃん　逆再生みたいな感じ？

健治

ちゃうちゃう。同時。つまり、原因が先か、結果が先か、ちゅうのはなくて、〝今この瞬間〟、同時に起こってんねん。

ただし、その未来が訪れた時、さっきの〝今この瞬間〟は、過去になっとるやろ？　それを人は「時間差」と捉えているんやけど、実際には、〝今この瞬間〟が永遠につながっているだけで、時間差ゆうのは、実はあらへんのや。

〝今この瞬間〟の結果は、過去の想いが、今、実現してるっちゅうわけや。

せやから、未来を変えたい場合は、〝今この瞬間〟の想いを変える必要があるんや。

けんちゃん　未来をどうしたいか？ゆうのは、今の想いが影響するいうことなんやね。

健治　そうや。今、この瞬間に、最高の想いを選択することで、未来に最高の氣分を感じる環境が与えられるんや。
反対に、最悪な想いを選択することで、未来はちゃんと最悪な氣分になる環境を与えてくれるようになってるんや。

けんちゃんメモ

原因が先でもなく、結果が先でもなく〝今この瞬間〟同時に起こっている。
今この瞬間の想いが、めっちゃ大事なんやなぁ。

57話

それは正しい？　間違い？

けんちゃん　同じクラスの榊原くんなんやけど、給食の食べ方が変わってんねん。

健治　ふーん、どんな食べ方すんの？

けんちゃん　まず、牛乳一氣飲みしてから、シチューを一氣に食べて、次にパンを全部食べんねん。でな、先生が、その食べ方見て怒んねん。「榊原くん！　そんな食べ方せんと、まんべんなく食べなさい！」って。

健治　で、榊原くん、なんて？

けんちゃん　「そんなん、腹に入ったら一緒やろ！」って。

健治　オモロいやん。榊原くん。で、君はどう思ったん？

けんちゃん　そんなん、先生が言うように、まんべんなく食べなあかんと思った。

健治　なんで？

けんちゃん　なんでって、榊原くん以外のみんなは、まんべんなく食べてるし……。

健治　それが正しいと？
けんちゃん　そう思うけど？
健治　誰が決めたん？　それが正しいって？
けんちゃん　誰が？　うーーん、わからん。
健治　前にも言うたことあるけど、多くの人がやってるから正しいとは言われへんねん。例えば、女の子が膝を立てて、茶碗も持たずにご飯食べてたら、どう思う？
けんちゃん　そんなん、めっちゃ行儀悪いやん。
健治　そんなことないねん。お隣の韓国では、食事の時、立て膝をするんが正式な食べ方で、茶碗を持つことは失礼に当たるんや。せやから、日本人の女性が韓国で食事をする時、正座して、茶碗を持って食事してたら、韓国の人からは無礼な人って見られるんや。
けんちゃん　えええ〜！　全然反対やん。
健治　そうや。それが「文化の違い」っちゅうやつや。文化の違いっちゅうのは、「こうするのが正しい」とか、「こうするべき」って、生活習慣の中で自然に植えつけられた考え方の違いやねん。

けんちゃん そうかぁ、国が違うと正しさも変わってくるんやね。

健治 国だけちゃうで。例えば、日本の中でも、地域によって良いとされていることとかちゃうし、もっと身近な家族の中でも友達同士でも、ちゃうことは多いねん。

けんちゃん そっかぁ、じゃあ榊原くんの食べ方も、文化の違いみたいなもんなんやね。

健治 そのとおりや。せやからなぁ、絶対これが正しいとか、これは間違ってるとか、ホンマはないねん。それは、言い方悪いけど、「ずっと正しいと思ってきた」またた、「ずっと間違いやと思ってきた」っちゅう洗脳みたいなもんやねん。

けんちゃん 洗脳？

健治 そうや。これが正しくって、これは間違ってる。これが正義で、これは悪やっていう洗脳や。この洗脳が元で、世界中で戦争が起こってるわけや。

けんちゃん 洗脳って、強い思い込みみたいなもんでしょ？　なんか怖いね。

健治 前にも伝えたけど、思い込みの力はホンマすごいんや。多くの人を助けることができるような思い込みもあるし、多くの人を傷つける思い込みもあるからなぁ。

けんちゃん 僕、人を傷つけるような思い込みしたくないわ。どうしたらええの？

健治 人の行動や言動や考え方に対して、判断を下さないことが重要なんや。

例えば、「この人の考え方は違うと思う」とか「絶対、この人が間違ってる」とかの判断や。

けんちゃん え？　今まで結構してきたかも……。

健治 今度、人に対して判断してしまいそうになったら「ああ、この人はこれが正しいと思ってるんやなぁ」って客観的に見ればええんや。
それから、自分が判断してしまいそうになったことに対して「本当に自分の考えが一〇〇％正しいと言えるのか？」と冷静に考えてみるとええわ。

けんちゃん そうすると、どうなんの？

健治 多くは、「絶対に正しいとは言えないかもしれない」という結論になると思うわ。

けんちゃんメモ

絶対に正しいことも、絶対に間違ったことも存在しない。
僕も今度、人と話してて違和感感じたら、「この人の中では、正しいことやと思ってるんやなぁ」って、良いとか悪いとかの判断はしないようにしてみよ。

58話

被害者と加害者

けんちゃん　この間、学校でな、五年生の男の子が、六年生の男の子にお金取られて、イジメられとったのを見かけたんや。ちょっと殴られたりもしとった。かわいそうやったなぁ。

健治　その出来事やけど、六年生の男の子が加害者で、五年生の男の子が被害者やん。加害者のほうが悪くて、被害者のほうは悪くないって思ってるやろ？

けんちゃん　うん。

健治　けどな、実は、加害者と被害者って、両者とも、相手がおらんかったら成り立たへんねん。

けんちゃん　せやけど、加害者って、一方的に害を加えるから、加害者って言うんちゃうの？

健治　普通に考えたらそうや。でも、深い部分では、加害者と被害者は合意して出来事を起こしとるんや。……この考え方は、受け入れがたいと思うけどな。

けんちゃん そんなん、嘘や。じゃあ、この間、ラジオのニュースで伝えてた強盗殺人事件の加害者と被害者も、合意してあの事件を起こしたっていうの？　そんなん、残された家族が聞いたらどう思う？　ありえへんわ！

健治 そう思うのも、無理はないわ。

でもな、自分一人だけで加害者か被害者になるのは無理なんや。絶対に相手が必要や。それは夫婦の関係もそうやし、友人の関係も同じや。相手が存在せんかったら、その関係は存在できへんのや。

ポジティブな関係も、ネガティブな関係も、同じやねん。双方が合意しあって出来事を創造してるんや。

けんちゃん 合意しあって出来事を創造してる？　ポジティブな出来事も、ネガティブな出来事も？

健治 例えば、結婚っていうのは、二人の合意があって結婚という出来事を創造しとるやろ？

けんちゃん うん、まぁ、それはわかる。せやけど、加害者と被害者は、会ったこともない場合もあるから、合意とかできるわけないやん。

健治　合意っていうのも「思考レベル」「感情レベル」「魂レベル」のレベルがあるんや。今話してるのは、「魂レベル」の合意のことなんや。

けんちゃん　「魂レベル」の合意？

健治　そうや。「思考レベル」「感情レベル」の合意は、本人が氣づくレベルなんやけど、「魂レベル」の合意は、本人でもほとんど氣づかんはずやねん。

でもな、当事者同士が会ったことなくても、「魂レベル」では合意しとるんや。

これは、理解しにくいと思うけどな。

けんちゃん　じゃあ結局、加害者も被害者も、望んでそうなったってことなん？

健治　「魂レベル」の側面から見ると、そのとおり、双方が望んだことなんや。「思考レベル」と「感情レベル」の側面から見たら、望んでるわけないように見えるけどな。

けんちゃん　でも、その考え方をすると何がええの？

健治　例えば、あの人がかわいそうって概念なくなるやろ？　反対に、あの人ひどいってのもなくなるし、今までの常識とされてきたモノサシで善悪や正邪を測る代わりに、真実を観る心眼が育つんや。

けんちゃん　難しいなぁ。

健治　そのうち、ピンと来るようになると思うわ。

けんちゃんメモ

被害者も加害者も、魂レベルでは合意している。
う～ん、これはなんか認めたくないなぁ。真実ってなんなんやろ？

59話

時間は命そのもの

けんちゃん　おじさん、人間って、死んだらどうなんの？

健治　俺も死んだことないからなぁ（笑）。
オギャ～とこの世に生まれてから、死ぬまでの間の時間が、与えられた人生や。
人生遊園地へ入場して、退場するまでの時間が、人生や。
人生遊園地から退場したあとは、肉体は、なくなるわな。

けんちゃん　肉体がなくなるっていうことは、今、考えてるこの思考自体もなくなるってことやろ？　完全に無になって、なくなるんやろか？　自分の存在が、この世から消えて、自分っていうものがなくなるのは、めっちゃ怖いわ。

健治　仏教の教えで「無始無終《むしむじゅう》」って教えがあるんやけどな。

けんちゃん　どういう意味なん？

健治　始まりもなく、終わりもないという意味や。

けんちゃん ん？　なんの始まりもなく、終わりもないん？

健治 この宇宙が、や。

けんちゃん 宇宙は、ビッグバンで始まったって、誰かが言うてたけど……。

健治 まあ、一般的にはそう言われとるな。でも二千年以上も前に、釈迦は「宇宙には始まりも終わりもない」って言うてんねん。つまり、この世界は幻想であって、実在しないって言うてんねん。

けんちゃん な、なんやそれ！　じゃ、本当に実在するっていう世界もあるん？

健治 それは、物質や時間や空間が存在できない世界なんや。それを人は、神と言うたり、仏と言うたりしてるわけや。
で、人間は生まれてくる前、神とか仏の世界にいたんや。

けんちゃん じゃ、元々は、僕たち、神とか仏とかやったん？

健治 まあ、呼び名は自由やけど、たった一つの存在やったんや。愛と呼んでもええかもしれんな。それが「本当の自分」や。
「本当の自分」は、目には見えないエネルギーみたいなもんやねん。
でな、身体を持った幻想である目に見える自分になって、この地球に遊びに来とるんや。

けんちゃん　じゃ、死ぬってことは、自分の家に帰るようなもんなん？

健治　正解！　遊園地の閉園時間が来たら、みんな家に帰るやろ？　それと同じや。だから人間は、この地球という人生遊園地に滞在する間、たくさんの「経験」という遊びを満喫したほうがええと思うねん。

怖がって、何かに挑戦するのを諦めたりする必要なんかないんや。その怖がるいうのも貴重な「体験」やから、人生という時間を無駄にせず、自分らしい人生を生きたらええねん！　今回の人生は一度きりや！　めっちゃ楽しんで生きようやないか！

けんちゃんメモ

この宇宙には始まりも終わりもない。
死んでも、元の家に帰るだけ。
僕は、地球に遊びに来とるんやなぁ。じゃあ、いっぱい体験しよ！

エピローグ
終わりも始まりもない対話

宇宙に始まりも終わりもないのと同様、二人の会話には終わりがない。

けんちゃんと健治は、どうやって会話しているの？　本当に会話したの？

あなたは疑問に思うかもしれない。

しかし今、あなたはここで、この本を手に取っている。それが、この会話が確かにあった証拠。

静寂の中で耳を傾ける時、あなたにも訊こえ始めるかもしれない。

魂レベルで行われている、自分と、本当の自分の会話が。

本当の自分との会話は、時空を超えて自分の人生を紡ぎ出す鍵。

問いが発せられた時、あなたの人生は、それに答えを出そうと動き出す。

今この瞬間の中で、けんちゃんと健治の対話は、まだまだ続くのだった……。

あとがき

今回、この本が世の中に誕生したのは、ベストセラー作家の本田健さんから「けんちゃんは、人生がテーマの本を書くといいと思うよ」という言葉をいただいたのがきっかけでした。

本を書くつもりなど全くなかった僕は、その場で「いや〜、僕に本なんて書けるわけないですよ」と即座に答えたのですが、その後「人生についての本」という言葉は、僕の心の奥のローソクに、小さな灯をつけることになります。

僕はどんな本が書きたいのだろうか？　二週間ほど考えても全然良い案が浮かんできません。
そんな、ある夜のことでした。
お風呂に入っている時、静かに僕の内側で、突然けんちゃんと健治の会話が始まったのです。
最初のけんちゃんの言葉は、「人生に意味とかあるんかなぁ？」でした。

その後、けんちゃん側からの質問と、健治側から、けんちゃんに伝えたいことの項目を紙に書き出すようにしたら、なんと四〇〇項目以上にもなりました。

そして、その四〇〇項目から五十九項目を厳選して、けんちゃんと健治の会話が始まり、この本が完成したというわけです。

しかし、本は完成したのですが、どうやって出版するのか?まで考えていませんでした(笑)。

ですが、運良く、ナチュラルスピリット社の今井社長、ライトワーカー社の高山史帆さんとのご縁をいただき、出版の機会をいただきました。そして、本当に細やかなところまで氣を配っていただいた編集の岡部智子さん、ありがとうございます。

この出版に関係してくださった皆様に、感謝申し上げます。

本書に書かれた会話の内容ですが、「死生観」「時間の概念」「お金の本質」「人生の目的と意味」「幸福論」など、多岐にわたっています。

そして、読者の「今の状態」の違いによって、受け取れる情報の意味と深さが異なる本になっています。

ぜひ、何度も繰り返し読んで、その違いを体感してみてください。

さて、この会話が行われたその後、「けんちゃん」はどうなったのか、氣になりますよね？

「けんちゃん」は「健治」の教え通り、その後、様々な体験をすることになります。

すべての体験はとても書ききれませんが、一部だけご紹介しましょう。

・ソフトボールの県大会代表に選ばれる
・全国各地のＢＭＸレースに参戦、全国十五位になる
・ＢＭＸの練習中に、すい臓破裂の大事故を起こすが、九死に一生を得る
・夏休みの高校生ＴＶカラオケ大会に出場し、優勝。大阪のプロダクションからスカウトを受ける
・テイチクレコードからスカウトされ、東京へ上京
・東京のプロダクションに所属する。三畳一間の住まいを与えられ、レッスンとアルバイトの毎日。しかし、目指す音楽性が違ったため鍵を置いて夜逃げする
・名古屋の事務所からの誘いでデュオグループ「硝子」として、インディーズデビューするが、事務所が潰れ、再度、東京へ上京
・原因不明の病になり、四十日間入院。仮面鬱病と診断される

・憧れの「タケカワユキヒデ」さんの作曲で、テレビアニメ『魔動王グランゾート』の主題歌でメジャーデビュー
・『地球戦隊ファイブマン』『キン肉マン王位争奪編』の主題歌を歌う
・結婚式のプロデュース会社へフォトグラファーとして入社
・結婚式の写真&ビデオ撮影会社を設立
・写真館のスタジオ運営を始める
・この本を書く

どうですか？　これは、実際に起こった実話です。

けんちゃんの人生のDVDは何度も入れ替わり、とても面白い物語になっています。

例えば、すい臓破裂の大事故を起こして死にかけるという出来事と、テレビアニメの主題歌でメジャーデビューという出来事は、一般的に捉えると「悪い出来事」と「良い出来事」に分類されると思われます。

しかし、会話の中で話されていたとおり、出来事自体には、良いも悪いもありません。

人生で起こる「体験」を楽しんでいるだけなのです。

ここで、あなたは疑問に思うかもしれません。

この出来事は、「けんちゃん」が自分自身で創り出したものなのだろうか?

はたまた、「大いなる存在」が与えたものなのだろうか?と。


その答えは、「どちらもが正解で、どちらもが間違いです」。


「大いなる存在」から見れば、自分で創り出した出来事に見えます。

「けんちゃん」から見れば、すべては、与えられた出来事に見えます。

「大いなる存在」が、自分で創り出したという考えは一つの側面であり、「けんちゃん」は与えられた出来事を経験したという考え方も、もう一つの側面でしかないからです。


さて、話は変わりますが、この本はいったい、誰が書いたのでしょうか?

……この本を最後まで読んでくれたあなたには、もうわかっていますよね?

そうです。

けんちゃんでも、健治でもある、「本当の自分」です。

そして「本当の自分」は、あなたでもあります。

つまり、この本は、あなたが書いた本でもあるのです。

そのことを、あなたは、途中から深い部分で氣づかれていたのではないですか？

このこと、「知ってる」と……。


そうです。「本当の自分」は、すべてのことを知っています。

しかし、「今の自分」は、そのことをすっかり忘れてしまっているのです。


多くの人は、人生を無意識的に生きています。

無意識とは意識が無い状態、つまり「寝ている状態」です。

眠りから覚めて「本当の自分」を発見した時、はじめて意識的に生きることができるようになります。

あなたも夢から覚めて「本当の自分」を思い出し、つながるために、この本と出逢いました。

意識的に生きるとは、過去や未来に全く影響を受けない「今、この瞬間」を生きることです。

会話にも出てきましたが、本当の幸せは「今、この瞬間」だけにあるのですから。

この本が、あなたと「本当の自分」との対話のきっかけとなり、「本当の自分」とつながって、本当に幸せな人生、あなたの人生の目的を生きていかれることを、心から願っています。

最後に、この本が出版されるきっかけを与えてくださった本田健さん、ジュリアさん夫妻に心から感謝申し上げます。もし二人に出逢っていなければ、そして様々な助言や導きがなければ、この本が出版されることは決してなかったでしょう。本当にありがとうございます。

そして、この世界に僕を誕生させてくれた父と母へ、様々な体験を僕にさせてくれてありがとう。また学校の先生方や同級生たち、多くの友人やお世話になっている方々、まだまだ書ききれないほどたくさんの人に支えられて今があります。本当に皆さんありがとうございます。感謝しています。

そしてスポーツトレーナーを目指している息子、音楽イベント関係の仕事をしている娘、そして何より影から支えてくれている最愛の妻に感謝します。

愛を込めて……

鈴木けんじ

著者プロフィール

鈴木けんじ

1965年5月生まれ。三重県津市出身。生まれてすぐに他人の家に預けられ幼少期を過ごす。10歳で1年間一人暮らしを経験したことがきっかけとなり、人生についての問いかけが始まる。15歳の時に自転車事故による膵臓破裂で死にかけるが九死に一生を得る。平成元年に「魔動王グランゾート」(日本テレビ系)の主題歌でアニメソング歌手デビュー。平成2年に「地球戦隊ファイブマン」のオープニング&エンディング主題歌、平成3年に「キン肉マン キン肉星王位争奪編」のオープニング主題歌を歌う。その後、結婚写真撮影の会社を設立し、数多くの幸せな結婚写真を撮影する。現在は結婚写真の他、写真館の経営を行いながら、自分らしい人生を生きるためのワークショップやセミナー、個人セッション、Song＆Talk LIVEなどを密かに行っている。

人生謎解きトリップ

― 時空を超えてやってきたのは自分!? ―

2020年3月7日　初版発行

著者／鈴木けんじ

装幀・本文デザイン／鈴木 学
イラスト／TAKAKO
編集／岡部智子
企画協力／NPO法人企画のたまご屋さん

発行者／今井博揮

発行所／株式会社ライトワーカー
TEL 03-6427-6268　FAX 03-6450-5978
E-mail info@lightworker.co.jp
ホームページ https://www.lightworker.co.jp/

発売所／株式会社ナチュラルスピリット
〒101-0051 東京都千代田区神田神保町3-2 高橋ビル2階
TEL 03-6450-5938　FAX 03-6450-5978

印刷所／シナノ印刷株式会社

ISBN978-4-909298-09-6 C0095

JASRAC 出 2001794-001